走进广州好教育丛书·好校长系列

ZOUJIN GUANGZHOU HAOJIAOYU CONGSHU "XIAOZHANG XILIE

—— 叶常青◇著 ——

山的那一边

北京师范大学出版集团
BEIJING NORMAL UNIVERSITY PUBLISHING GROUP
北京师范大学出版社

图书在版编目(CIP)数据

山的那一边/叶常青著. —北京：北京师范大学出版社，2023.3
（2024.10 重印）
ISBN 978-7-303-27853-4

Ⅰ.①山… Ⅱ.①叶… Ⅲ.①教育工作—文集 Ⅳ.①G4-53

中国版本图书馆 CIP 数据核字（2022）第 061915 号

图书意见反馈：gaozhifk@bnupg.com　010-58805079
营销中心电话：010-58802755　58800035
编辑部电话：010-58806160

出版发行：北京师范大学出版社　www.bnupg.com
　　　　　北京市西城区新街口外大街 12-3 号
　　　　　邮政编码：100088
印　　刷：北京虎彩文化传播有限公司
经　　销：全国新华书店
开　　本：730 mm×980 mm　1/16
印　　张：15.5
字　　数：199 千字
版　　次：2023 年 3 月第 1 版
印　　次：2024 年 10 月第 2 次印刷
定　　价：58.00 元

策划编辑：冯谦益　　　　　　责任编辑：申立莹
美术编辑：焦　丽　　　　　　装帧设计：焦　丽
责任校对：陈　荟　　　　　　责任印制：马　洁

总　序

一

　　《国家中长期教育改革和发展规划纲要(2010—2020年)》提出："办好每一所学校,教好每一个学生。"近年来,各地涌现了一批好学校、好校长、好教师。总结和推广他们的经验,是推动我国教育改革和发展,提高教育质量,促进教育现代化的强大动力。广州市是我国改革开放的前沿,不仅有着深厚的文化积淀,而且在改革开放中敢为天下先,在教育领域积累了许多新经验。广州市教育局在《广州市教育事业发展第十二个五年规划》文件"办好让人民满意的教育"的要求下,决定组织编写"走进广州好教育丛书",实在是适逢其时。这是对广州市多年来教育改革创新的一次总结,也是对广州市今后教育改革的一次推动。

　　根据编委会的设计方案,丛书拟从广州市1000多所中小学校、10多万名教师中选出10所"好学校"、10名"好校长"、10名"好教师"列入首批出版计划。他们有的是已有100多年建校历史,积淀了深厚文化内涵,至今仍然在不断创新中继续勃发着育人风采的老学校;有的是办学时间不长,但在全校教职工磨砺创业、共同耕耘下办出水平的新学校。他们有的是办学理念先进、充满活力、管理经验丰富的好校长;有的是师德高尚、业务精湛、热爱学生的好教师。总之,他们热爱教育事业、热爱每一个学生,创造了卓越的成绩,是好学校、好校长、好教师队伍中的典范。

当前，我国教育正处在由数量发展转向质量提高的转折点上。到2020年，我国要基本实现教育现代化。教育现代化的实质就是要培养现代化的人。教育要回到原点，立德树人，培养具有为国家、为人民服务的责任心，具有创新精神和实践能力，并且具有国际视野和国际交往能力的人才。教育大计，教师为本。我们的校长和教师要立足中国，放眼世界，转变教育观念，改变人才培养方式，推动教育现代化的进程。

我希望广州市在编写"走进广州好教育丛书"的过程中继续挖掘先进人物和新鲜经验，率先实现教育现代化。

2016 年 7 月

2014 年的教师节前夕，我写了一篇《广州教育赋》，后来这篇文章在《中国教育报》上刊登了。在这篇赋中我有这么几句话："大信不约，好校长何止十百；大爱无疆，好老师何止百千；大成不反，好学生何止千万；大道不违，好学校就在此间。"中心意思是说，广州好教育是由成百上千的好校长、好教师、好学生和好学校共同铸成的。正是他们的大信大爱和大成大道，广州作为国家重要中心城市之一，在教育，尤其是基础教育方面，才能卓有建树，我们也才有可能推出一套"走进广州好教育丛书"。

在这篇序言中我想表达三个朴实的想法。

第一个朴实的想法是，一座城市的教育发展单靠一两所名校，几位名师、名校长是支撑不起来的。能够为这座城市源源不绝地提供人才智力资源的应该是那么一大群校长、一大批教师和一大拨学校。他们形成一个个各具怀抱的优秀群落，为这座城市辈代不绝地做着贡献，那我们就要为这一个个优秀群落树碑立传。对于广州这样有着将近 1500 所中小学的特大型城市而言，我们特别有理由这样做。正是大信不约（《礼记·学记》）——真正的信义不需要盟约，他们才会在每一所学校不断坚守；正是大爱无疆——博大的仁爱无边无际，他们才会为每一个学生殚精竭虑；正是大道不违（原为"大道无违"，《晋书·嵇康传》）——不违背教育的使命与历史发展的规律，他们才会为每一个进步中的时代进行着生动的背书。有了他们，才会有一座城市的教育；有了他们，才会有一座城市的发展。有人要问，这套"走进广州好教育丛书"出齐会有多少册？老实说，我也不能确定。这第一批推出的30册只是一个开始，但我相信，只要这座城市在发展，属于这座城市的教育大赋就一定不会有画上句号的时候，它一定会以这样或那样的形式展现出来。

第二个朴实的想法是，对于基层教育工作者来说，我们真正需要掌握的教育规律和教育法宝就那么几条，如果我们钻进教育思潮的各种主义与模式的迷宫中不得而出，那就容易忘记教育最基本的追求。几年前，广州一个区的教育论坛请来了顾明远先生，顾先生在论坛上说："没有爱就没有教育，没有兴趣就没有学习。"我们深以为然。教育理论当然有很多，都值得我们认真学习，其他不讲，仅"因材施教"和"有教无类"两条，在我们的教育实践中是否做到了？我相信，如果我们做到了，那我们就有可能进入好教师、好校长、好学校的序列。所以，在这套丛书中，我们特别看重的是重返教育现场，讲好教育故事，今往兼顾。丛书所列既有杏坛前辈，也有讲台新秀；既有百年老校，也有后起名品；各好其好，好好共生。早在100多年前，广州教育就已经在现代化进程中开风气之先。比如说鼎鼎有名的万木草堂，20世纪20年代开辟新学堂；再比如说最早在广州推行开来的六三学制。在当下的教育大格局中，广州教育自然也不能落后，要有广州的好教育。

第三个朴实的想法是，好教育需要有一个好的教育生态。习近平总书记说："我们的人民热爱生活，期盼有更好的教育。"我们要努力办好让人民满意的教育，那这个教育上的"好"应该体现在哪些方面？除了上面提到的好学生、好教师、好校长、好学校之外，好的教育生态应该是一个必不可少的要素，这其中的一个重要标志就是能够形成尽可能多的教育共识。我们组织编写这套"走进广州好教育丛书"，一个目的就是通过展示我们的教育实践来推动形成更多的教育共识：原来在我们这座城市，在我们身边，就有这些好的教育，值得我们称赞，值得我们珍惜。

我们的教育要全面上水平、走前列，这行进过程中积累起来的好教育基础就是我们不断奋力前行的保证。

最后，作为这套丛书的策划者，我要特别感谢北京师范大学出版社，我仍记得三年前，时任北京师范大学副校长的杨耕同志领着北京师范大学出版社的朋友们和我们讨论这套丛书编写出版规划时的热烈情景；我要特别代表广州市教育局感谢顾明远先生为本套丛书作序；还要感谢总主编吴颖民先生以及华南师范大学、广东第二师范学院、广州大学的分册编委的专家团队，正是有他们的认真组织和每一位分册作者的孜孜以求，这套丛书才得以和各位读者见面。

2016 年 7 月

前言

QIANYAN

品读山的意象

《山的那一边》，拿起厚厚的一叠书稿，我陷入了沉思。作为一名同样是从山里走出来的教育同行者，我不禁想一探究竟：常青校长心中的山，有着怎样的意象？

山是弯弯的臂膀。童年生活对一个人的意义之所以如此重要，是因为这种原初的生活样态为生命铺上了底色。随着生命长度的延伸和生活场域的扩展，我们的生命状态会不断地丰富起来，但这种原初的生命底色并不会消失，相反，在生命最关键的选择中，它会提示我们前行的方向。在弯弯臂膀的环绕下，有的是安全和温暖，这会在一个人的心里埋下与人为善的种子，而父母自身的言行示范，让人懂得什么是责任和担当。这是我品读常青校长家庭教育的故事后，发现的山的第一个意象。

山是笔挺的标杆。常青校长是幸运的，因为他有一位尽管在家务农却很知性的妈妈。经过努力，常青校长在繁华的广州扎根了。常青落脚的地方不巧是在市郊的一个偏僻的小岛上。简陋的校舍、落后的办学条件，已经让很多人放弃了这里的工作。山的坚强，让他学会了坚持；与人为善的家风，让他感受更多的是身边人的优秀。于是，他忘掉眼前的困难，不停地学习：跟老教师学做人，跟搭档学上班会课，跟党小组学奉献，跟教研员学上公开课，乃至漂洋过海去国外学习。就这样，以山为标杆，人生就慢慢地丰盈起来了。这是山的第二个意象。

山是内心的修炼。学习不是为了模仿，而是为了超越，这种超越是一种内在的修炼。换句话说，心中有了一座山，人生才会有高度。常青校长开始通过对教育本真的追问，来构建自己教育思想的高地：问学生，他发现了"生命"这个关键词；问教师，他发现了"幸福"这个关键词；问管理，他发现了"发展"这个关键词；问自己，他找到了"超越"这个关键词。随着学生观、教师观、管理观、个人发展观的建立，常青校长心中的"山"立起来了。这是山的第三个意象。

山是生命高度的标尺。站在人生的顶峰，一片大美教育风景出现在眼前。基于红棉文化构建起来的"立品教育"课程体系，对于学生的生命成长意义重大：提升了高度，夯实了厚度，延展了宽度，拓展了深度；打破时空限制的学校活动，让学生的生命尽情绽放；和谐家校关系的构建，让教育变得轻松、高效；学校文化的建设，让学校有了南国名校的风范。如此，灵动的韵味、和谐的气场、凝练的精神，让山的景致如此迷人！这既是学校发展的新高度，也是常青校长人生的新高度。这是山的第四个意象。

山是常青校长对生命高度不懈的追求。山外有山，登上山顶，总能看见远方更高的山。登上一座山，并不是人生的目的；不断攀登，生命才会更有意义，才会更加精彩。这是山的第五个意象。

在山里铺就生命底色；在山的引领下学习成长；让自己成为山，去引领他人的成长；眺望远山，让登山成为生命的乐趣——山的意象，令人回味。

合上书稿，我有理由相信，山的那一边，一定会更加精彩！

徐向阳

2021 年春于广州火炉山麓

第一章

山里的我

寻寻觅觅，从懵懵懂懂的山村少年，到教书育人的中学校长，几多耕耘，几多收获。由河源山区至番山之隅，从山脚到山巅，从一山到另一山，不断寻觅，再上征程，攀登的是山峰，追逐的是品质。人生就是一段不断攀登的旅途，旅途中高山重重叠叠，云雾缭绕，风光无限。沿着潺潺的溪水，持着信念的手杖，拾级而上，其间有鸟语花香，有荆棘密布，有青木参天，有云起路穷……不管是顺还是阻，是坦还是崎，都不曾停下攀登的脚步。

第一节　少年，山里初成长

山依偎着水，水映照着山，山清水秀的故乡田园，清贫勤劳的温馨家庭，无忧无虑的少年时代，我在这里成长，从这里出发开启人生的攀登之旅。

一、常青，美好的期待

"一年之计在于春"，春天是美丽的季节，阳光明媚，草长莺飞，桃红柳绿，万物复苏。"沾衣欲湿杏花雨，吹面不寒杨柳风。"在和煦春风的吹拂下，农民在春雨之后的田地里播下种子，耕耘希望。就在这春暖花开的美丽季节里，我在河源的一个山村里呱呱坠地。

我的父母都是中专毕业，在20世纪60年代的山区农村，已经可以算得上知识分子了。尽管生活艰苦，但草长莺飞的春天让他们对第一个孩子充满了美好的祝福与期待，于是为我取了一个富有诗意的名字——常青。

明代宋濂有诗"猗猗淇园竹，阅岁常青青"，院子里的竹子，历经风霜侵袭，四季流转，竹叶常青而不败，有着正直、坚贞的浩然之气，这不仅是传统文化对理想人格的追求，而且是父母对子女和顺成长的殷殷祝福。常青，是持之以恒的意志力，是昂昂向上的生命力，是勃勃迸发的成长力。

可以想象，父母看着我蹒跚学步时，或许总是念叨着我的名字：

"常青常青，万古长青。"在那个物质资源并不丰富的年代，他们内心对孩子的未来充满无限的憧憬，这种理想主义气质，给我带来潜移默化的精神滋养。

在人生的道路上，有崎岖有坎坷，有迷茫有彷徨，有委屈有误解，我始终默默地鼓励自己："常青常青，万古常青。"勇敢地面对，勇敢地攀登。每一次的经历，收获也好，失败也罢，都是成长的一个节点，都是生命向上生长的一个印记，如常青的竹子，节节向上。

正是父母的殷殷期待，正是美好的名字，使我对人生的态度更加积极。在以后的教育生涯之中，从乡村中学广州市番禺区大石镇第二中学（简称大石二中），到城区广州市番禺区市桥侨联中学（简称侨联中学或侨中），以及现在的广州市番禺区市桥桥兴中学，我相信每一个孩子都是"常青"的，都拥有无限的潜力。我总会鼓励他们昂扬向上，去寻找自己的志向，去彰显自己的才能。

二、童年的另一个世界

山清水秀的故乡，无忧无虑的童年，宛如昨日，历历在目。父母由同窗而相知相爱，在家境尚不富裕的年代，他们相濡以沫，举案齐眉，一种传统知识分子家庭特有的书香气息，使我从小就耳濡目染。

人们常说，读书的人是幸福的，因为他们拥有两个世界，除了现实的世界之外，还有另外一个更为广阔的世界；现实的世界每个人都会有，然而那个更为广阔的世界却为读书人所独有。这样想来，我的童年是很幸福的，除了山清水秀的故乡田园，还有另外一个书中的世界。虽说父母是知识分子，但是在那个特定的历史时期，家里却没有多少书，仅有的《上下五千年》《唐诗三百首》《红岩》等，我倍加珍惜，将它们视作自己的宝藏，藏在笨重的实木箱子深处。放牛的时候，采摘野果的间隙，割草休憩的空档，我都会拿出一两本来阅读。书中的世界，瑰丽多姿，总是令人向往——这或许就是我童年的一抹不一样的色彩。

尤其是《红岩》，我反复看了好多遍。每次阅读，我都小心翼翼地捧着，轻轻地翻动，哪怕稍稍不注意都觉得是对它的一种亵渎。书里描述的众多英雄，为了祖国的解放和人民的幸福，临危不惧，视死如归，勇敢地同敌人斗争，在我年少的心田种下坚强与热忱的种子。成岗、许云峰、江姐、刘思扬……一个个英雄的名字，一座座不朽的丰碑，他们大无畏的英雄气概，让人钦佩不已。面对敌人的严刑拷打，江姐坚强地说："毒刑拷打是太小的考验！竹签子是竹做的，共产党员的意志是钢铁！"多么崇高的信念，多么坚强的意志！令人愤慨不已，令人热血沸腾。书的尾声写道：

晨星闪闪，迎接黎明。

林间，群鸟争鸣，天将破晓。

东方的地平线上，渐渐透出一派红光，闪烁在碧绿的嘉陵江上。湛蓝的天空，万里无云，绚丽的朝霞，放射出万道光芒。[①]

是的，革命最终胜利了，胜利的背后有着千千万万先烈的坚强与牺牲。每次读罢，我的眼泪总是不自觉流淌，为英雄落泪的同时，也鼓舞自己勇敢面对生活中的挫折。

上下五千年，英雄万万千。中华民族向来以勤劳、勇敢、智慧著称于世。

除了反复看《红岩》，我还经常翻阅爸爸送给我的《上下五千年》，而且经常情不自禁地陶醉其中，书里出现的从盘古开天辟地的神话故事到白莲教起义的真实历史事件不时在我脑海里浮现，浮现出中华民族在中华大地上演绎出的一个个激动人心的故事，浮现出一个个叱咤风云的人物留下的许多可歌可泣的事迹。由于精彩的故事，我有时忘记了与同伴们的约定，忘记了奶奶的嘱咐，常在放学后、在烧饭间沉醉于动人的故事中。我感叹灿烂的民族文化，我仰慕闪耀的民族英雄，是他们的业绩和成就，为民族的历史画卷增添了光彩，使我们每个中国人感到自豪。故此，对祖国的热爱，对英雄的敬仰，对文化的向往，从小便埋藏在我的心里。

---

① 罗广斌、杨益言：《红岩》，599 页，北京，中国青年出版社，2019。

几番搬家，虽然这两本书已经不知遗落何方，但是我知道，英雄的坚强与信念、历史的文明长河和民族的灿烂文化永远陪伴着我。走上教师岗位后，我常常给孩子们讲英雄的事迹，把英雄的坚强与信念传递给他们，把中华文明的光辉传播开来。书的世界让这颗坚强的种子生根发芽，让这份民族的情感与日俱增，让这份为祖国和人民做贡献的信念深深埋藏在心间。

三、母亲生气了

当时河源的山区，偏远而落后，经济不发达，拮据的生活迫使父亲中专毕业后不得不离家赴广州番禺工作，每半年只能回家几天。父亲诚实、善良，希望通过自己的努力，让家人过上更好的生活。

当时，奶奶和我们生活在一起。我尽管是家里的老大，但是年少顽皮，不懂家庭的艰辛，不能很好地照顾弟弟妹妹。家庭的重担，就压在母亲一个人身上。每每回忆起这些，我总会感到一阵阵的心酸。

母亲温柔而坚强，既具备东方女性常有的传统美德，又兼具知识分子特有的知性。农村种地非常辛苦，当时还没有普及农业机械化，都是人工劳作，面朝黄土背朝天，春种秋收，栉风沐雨，插禾、割秧、除草、杀虫、喂牲口，母亲带着三个孩子，还要照顾老人，其中的艰辛可想而知。母亲读过中专，眼界与见识不同于一般农村妇女。当其他的父母在念叨"读那么多书干什么，识字就行""农村的孩子就得种地"时，母亲却十分重视我们的教育，对我们抱有很高的期望。她希望我们兄妹三人好好读书，将来能过上自己喜欢的生活。

母亲始终任劳任怨，勤劳俭朴，生活的艰辛一个人扛着，很少对我们发脾气，但有一次例外。在上小学五年级的一个夏天，下午放学回家后，无所事事的我，就在院子外面和小伙伴们追逐嬉戏。奶奶背着妹妹，在灶房烧火做饭。太阳已经落山好久，母亲才从田里收割稻子回来，她浑身已经湿透，阳光晒红了她的皮肤。当她看到我仍在外面玩耍而没有帮奶奶做家务时，就很生气地批评道："你是当哥哥的，也不帮着奶奶做点事，这样怎么能带好弟弟妹妹？你成绩不理想，回家这么久了，都不去读书学习，下个月就毕业考试了，怎么还在玩？！这样怎么能考上好中学，将来又能做什么？你爸爸在外地工作，我一个人这么辛苦在家里，你还这么不懂事，以后你该怎么办呀？我和你爸爸这么辛苦，容易吗……"

说着说着，母亲拿起笤帚追着打我，我十分惶恐地到处跑。追着追着，她突然扔了笤帚，站在那里哭了起来。我知道，母亲是真的生气了。想想艰辛的生活，想想自己的文化无用武之地，想让孩子过得更好，孩子却不懂事……一时间，心酸委屈、无助彷徨涌上心头。母亲坐在院子里掩面抽泣，眼泪唰唰地流下来。我十分自责，痛恨自己贪玩不好好学习，没有做好榜样，辜负了父母的期望，想到这些我也哭了起来。许久，我才怯生生地过去安慰母亲，一再保证以后懂事，一定好好学习，将来考上好大学，让家里人过好日子。从小到大母亲没有打过我，但那次母亲的话、母亲的泪让我永生难忘。"爱之深，责之切"，之后，我懂事了，学习也更加刻苦努力，因为我知道，学习不仅是一个人的事情，而且关乎一个家庭——它是一种责任。

人们说，父母是孩子的第一任老师。我很庆幸，父母对我的哺育与引导，让我获得了一生受益无穷的宝贵财富。图1-1是我的父母。

从农村娃到走上教师的岗位再教农村娃的经历让我感触良多：每一个农村学生的背后都有一个家庭的期待，都寄予着望子成龙的希望。他们或许年少不懂事，这时就更需要教师耐心教导，激发他们的向上之心，让他们在求学路上能走得更远。

四、远方的来信

一个阳光明媚的上午，邮递员的自行车铃铛在院子前响起："叶常青，叶常青，叶常青的信，有人给你寄信啦！"我满心欢喜地跑到院子里，大喊大叫："我的信，我的信！我就是叶常青！"邮递员是个憨厚的中年大叔，看我是个小孩子，打趣道："这么小就有人给你写信，是你家人吧？"我满是自豪："当然了，是舅舅在深圳写给我的，这是我们俩的约定。"

图 1-1　我的父母

　　拿到信①后，我迫不及待地展开。

常青外甥：

　　春节一别，不知不觉三月有余，最近还好吗？

　　我已经在深圳找到工作并稳定下来了。深圳是个朝气蓬勃、欣欣向荣的城市，高楼大厦平地而起，街上的每个人都行色匆匆，一派干劲。在这个新兴的城市里，我也深受感染，一定要在这里闯出自己的一片天地。

　　你快要升初中了吧，最近学习情况怎么样？你爸爸妈妈对你们仨都

———————————

　　①　收入本书时有改动。

有很高的期待。只有读好书才能追求更大的梦想，才会有出息，为家里做贡献。你现在正是读书的关键时期，千万要好好珍惜。颜真卿说："黑发不知勤学早，白首方悔读书迟。"阿青，读书是走向世界最有前途的道路，你千万要走好。家境不好，不是你读书路上的羁绊，而应是不竭的动力与鞭策。外面的世界很大很精彩，将来你也会闯出自己的一番天地的。

我以前读书的时候也很辛苦，当时高考刚恢复，很多中学的知识已经遗忘，加之繁重的农活劳动，学习的时间更是珍贵。复习用的书家里都没有，很多时候都是我自己上山砍柴、下河捉鱼后，拿到市场上去卖，换了钱才能买些资料书。汉代有个政治家朱买臣，他就是负薪读书，担着柴去卖的路上还一边背书，最后成为朝中的大臣。现在你虽辛苦，但比我那时好多了，所以更要把学习搞好，努力提高自身的本领。

我非常喜欢一副名联，现在送给你：

有志者，事竟成，破釜沉舟，百二秦关终属楚；

苦心人，天不负，卧薪尝胆，三千越甲可吞吴。

据说这是清代著名文学家蒲松龄用来勉励自己的对联。蒲松龄少年得意，以县、府、道三个第一进学，然而以后一直没有考中，长期穷困潦倒。坎坷的经历并没有压垮他，他以此对联激励自己，最终写出了脍炙人口的《聊斋志异》，流芳百世。这副对联的上联讲的是西楚霸王项羽的故事。秦朝末年，秦军大将章邯攻打赵国，围赵军于巨鹿，宋义、项羽率领军队去营救，当时秦军的人数是项羽军队的好几倍，实力悬殊。但是项羽没有退缩，他渡过黄河后，下令把所有的船只凿沉，用火烧掉营房，并打碎做饭用的器具，不留退路，让将士只带着三天的干粮与秦军决一死战。项羽的军队置之死地而后生，作战非常勇敢，以一当十，最终大破秦军，取得胜利。下联讲的是春秋时期越王勾践的故事。吴国和越国争霸，越国失败，越王勾践被俘虏。吴王夫差为了羞辱勾践，让他做自己的马夫。勾践忍辱负重，他睡在柴房里，每天吃饭、睡觉前都要先尝一尝苦胆，以苦味来激励自己，扪心自责："你忘了会稽打败仗的耻辱了吗?"就这样鞭策自己,积蓄力量,最终经过十多年的发展,报仇雪恨,打败了夫差,灭掉吴国,成为春秋时期的霸主。

苏轼曾经说过:"古之立大事业者,不唯有超世之才,亦必有坚忍不拔之志。"艰难困苦,玉汝于成,你要好好学习。每一个成功者的背后往往都有一段艰辛的历程,自己现在的境况,恰是人生十分难得的际遇。给自己一点压力,则会有十倍的努力,更会有千百倍的收获。你要始终相信自己,外面的大千世界在等着你去闯荡,但在这之前必须先练好自己的本领。

生活的道路从来不是一帆风顺的,读书学习亦如此。要相信自己,以持之以恒的坚持与勤奋,为自己的未来拼搏,相信一切都会很美好的。

最后祝你学习更上一层楼,身体棒棒。

加油!

舅舅

读罢舅舅的信,我的心情久久不能平复。信中的肺腑之言让我深受启发。他作为恢复高考后第一批考上大学的人,在那个时代可以说是十分了不起的。大学毕业后,他被分配到镇上做干部,但是他没有满足于平淡的生活,而是独自一人去深圳闯荡,找寻属于自己的人生。在艰苦的环境中砥砺自学,抛弃安逸勇敢去探索未知,他的经历很励志,他本人是我学习的榜样,不断激励我前进。我与舅舅常有书信往来。

舅舅对我的人生产生了深远的影响,他就像大海航途中的灯塔,守护着我,为我指明了前进的方向,让我冲破迷雾,在汹涌的波涛中驾驶好自己人生的风帆。每当遇到挫折与困难的时候,每当自己快要坚持不下去的时候,我都会想起"有志者,事竟成,破釜沉舟,百二秦关终属楚;苦心人,天不负,卧薪尝胆,三千越甲可吞吴"这句名言,它成为我强大的精神支柱,伴随我整个青少年时代乃至一生。

后来,从学生成长为老师,这句话仍是我的座右铭。我知道,每个孩子在学习的过程中,都会遇到各种各样的挫折与困难,面对各种各样的诱惑，我把这两个典故讲给他们听，告诉他们坚定信念，去坚持，去拼搏。我告诉他们，阳光总在风雨后，当前的跌倒与等候都是暂时的，只有勇敢踏歌而行，成为征服困难的英雄，才能把握自己的人生。

舅舅的激励在我的左右，他的拼搏精神也一直在我的左右。走上工作岗位，面对与我一样来自农村的孩子们，我同样相信他们，勉励他们，期待他们去追寻自己的人生道路，走出不一样的精彩。

第二节 书山，勇攀求学路

书山有路，学海无涯，知识的探索永无止境，人生的成长需要自强不息。在求学的道路上，没有捷径可走，勤奋是成功的基石。经历一次次折磨，一次次坎坷，只有继续向前挣扎，继续向前攀爬，才会在曲折中前进。

一、初次住校的苦与乐

升入初中后，我去了离家比较远的镇上，一周才能回家一次。当时初中的食宿环境相对于今天的条件来说简直是天壤之别。学校位于镇子的边上，大通铺的宿舍，一个大房间住 18～20 个人，难得安静。床铺下面是用干稻草做成的草垫，在南方潮湿的环境中容易滋生蚊虫，所以睡觉的时候我常感觉有东西在身上爬来爬去。学校一开始没有食堂，学生都是自带白米、咸菜，轮流砍柴烧饭。因此，我们上学时要一次带够五天的咸菜。有时候下课晚了，自己的饭盆被别人拿走，就只能饿肚子了。上课时的读书声与肚子的咕咕声，此起彼伏。一年后，学校有了食堂，每餐提供五分钱的蔬菜或腐乳，从那时起，我们读书就不再饿肚子了。

学校只有一口抽水井，这口井既是饮用水水源，用来洗菜、做饭，又是生活用水水源，用来洗衣、洗澡。每天放学后，水井旁就排满了拿着盆盆罐罐接水的学生。那时没有热水，洗澡是大问题。我们男孩子还好些，距离学校三千米外的地方有一条河流，每天下午四点放学后，便呼朋唤友、三五成群地去河里游泳洗澡。当时的河水清澈见底，时常能看到鱼儿在水中畅游，偶尔还能捉几条鱼改善一下伙食，真是苦中作乐。春夏季节，当然十分惬意。可是寒冬腊月之时，就十分难熬了，河水冰冷刺骨，冬浴是十分需要勇气的。

有的同学脚一沾水，又火速缩回来，来来回回犹豫多次，最后才一咬牙跳进了河里。还有的同学，沾水的那一刻便生退缩之心，灰溜溜地逃回学校。现在想来，冬浴不仅锻炼身体，而且是对意志的一种考验，让人在挑战的过程中，学会勇敢和坚持。在刺骨的寒水之中，勇敢地展现身姿，这不就是一次战胜自己的挑战吗？

有时候放学早，学习精力难以集中的时候，我便常常一个人跑到学校旁边的山坡上。黄昏时刻，看到别人家里炊烟袅袅，就难免想家。想自己在这里读书这么辛苦，有时候还吃不饱饭，我便暗下决心一定要用读书来改变现状，为自己的将来而奋斗。

后来，我在《论语》里读到："贤哉，回也！一箪食，一瓢饮，在陋巷，人不堪其忧，回也不改其乐。贤哉，回也！"[1]颜回是安贫乐道的，在简陋的环境中从容面对，不改变求学的志向，这是一种难得的人生境界。人总是要有一种自己的志向与追求，为了自己的理想，即使生活清贫也自得其乐。在当时的艰苦环境中，我常常以颜回自喻，不改求学之志。

二、升起国旗，升起自信

求学十几载，有许多难以忘怀、让人留恋的人和事，这些人和事就像人生道路上的一盏盏明灯，照亮我前行的道路。初二时的班主任张锡荣老师就是其中一位，他也是我最敬佩、最感恩的老师之一。

张老师毕业于师范院校，教授我们语文。他温文尔雅，衣着朴素、整洁，具有一种特有的书香气质，又和我来自同一个村子，所以我和他特别亲近。他和我的父亲年纪相仿，身形比较瘦削，挺立的鼻梁上架着一副眼镜，文质彬彬，一看就是学识渊博之人。

---

① 刘兆伟译注：《论语》，110页，北京，人民教育出版社，2015。

　　张老师在课堂上娓娓道来，让人如沐春风，带动我们的思绪，使我们随着他的朗读穿越千年，对话古今，让我们从中汲取丰富的智慧。张老师不仅传授给我知识，而且教给我很多做人的道理。他经常找我谈话，询问我学习和生活的状况，帮助我解决困难，勉励我不断进步。在那段艰苦的日子里，在那无数想家的时刻，张老师的勉励宛如冬日的阳光，温暖我的心田，使我不再孤单彷徨，专心致志踏实学习。

　　当时，我性格比较文静、内向，不爱说话，总是给人不太自信的感觉。初二的时候，张老师让我去参加学校的国旗队。升国旗是神圣的任务，更是一份光荣的责任，很多同学都对我心生羡意。

　　清晨，随着整齐的队伍，倾听着雄壮的国歌，我徐徐拉起绳索使五星红旗冉冉升起，不禁心潮澎湃，思绪万千。遥想国旗在新中国升起的历史：革命前辈翻雪山、过草地，最终在陕北胜利会师，保存革命的火种；在中华民族到了最危险的时刻，浴血奋战抵抗日本侵略者；再到依靠人民的力量解放全中国，使红旗插遍神州大地。波澜壮阔的历史，昂扬向上的姿态，使人奋进，给人以鼓舞。国旗升起的那一刻，我感觉自己见证了伟大的事业，很自豪，很骄傲。

　　国旗在风中飘扬，五星在阳光下闪耀，我仰望国旗，对自己的人生，对自己的未来，瞬间又变得斗志昂扬。国旗升起那一刻的心境变化，使我明白了张老师的良苦用心，张老师希望通过升旗来提升我的自信心，使我更自信地面对学习和生活。张老师润物无声的鼓励，给予了我很大的动力，使我更加相信自己，无论在生活上，还是在学习上，我都表现得更加积极。

　　张老师给了我精神力量，而黄阿姨给了我物质支援。黄阿姨是学校的后勤职工。当时，我所在的农村中学条件不好，食堂虽然有了，但是饭菜经常不够。我个子小，经常挤不过其他同学，往往轮到我时就没有饭菜可吃了。通常在这个时候，黄阿姨总会给我找来一两个馒头，让我不至于挨饿。在寒冷的冬天里，她每隔几天就会给我送来一瓶热水。她说："天气那么冷，别跑到河里洗澡了，会着凉的。用点热水擦擦身子

13

吧!"是啊,有时气温降到 0℃ 左右,我根本没法去几千米外的河里洗澡。而学校的一口井根本满足不了几百号人洗澡的需求,在这样的环境里,有点热水擦擦身子就已经是莫大的恩赐了。黄阿姨虽然给不了我知识,但是给了我点点滴滴的温暖,让我学会感恩,学会助人。时光虽然流逝三十多年,但此情此恩令我永生难忘,并激励着我帮助学生,回馈社会。

人们常说,教师是人类灵魂的工程师。在每个学生的求学生涯中,教师对学生的影响是不言而喻的。教师对学生的身心发展起到很大的作用,学生的一生有可能因教师而发生转变。遇到一个好的教师非常重要,一个好教师可能成就一个好学生。

在以后的日子里,我走上教师工作岗位后,更深刻地明白了教师职业所承担的使命。教师职业是庄严而神圣的。张老师、黄阿姨对我的教导和关爱,他们对学生的用心,需要从我这里传递下去。面对曾经像我那样的学生,我会像张老师、黄阿姨一样去鼓励和帮助他们,发现他们的闪光之处,帮助他们找到自信,坚定信念,使他们相信自己可以做得更好,使他们勇敢地面对学习和生活。

三、校医的书架

上初三的时候,我们一家从河源山区迁到了父亲工作的地方,一家人终于可以一起生活了。我转入的番禺学校,环境比家乡学校的环境好多了。学校离家不远,我每天早晨五点多起床,骑自行车去上学。虽然我只在这里的初中待过一年,但是仍有很多人、很多事令我难以忘怀。

记得那是我读初三年级的秋天,学校举办运动会。因为我以前当过升旗手,在强烈的集体荣誉感的驱使下,我满怀热情地报名参加了 110 米跨栏项目。其实,那时我根本不会跨栏,只是自我感觉良好,就自告奋勇报名了。当时,学校还没有塑胶跑道,操场是一大片黄土地,跑道上铺满了煤渣子。参赛的时候,我听着老师和同学们的加油呐喊声,一心只想拼命跑好,为班级争得荣誉。但因为缺乏训练,我忙中出错,在跨越第五个栏杆的时候不慎摔倒在地,腿部受伤严重。煤渣子扎进了肌肉，血流不止，同学们连忙把我抬去了医务室。

医务室里的校医是个 50 多岁的男老师，戴着眼镜，看着很慈祥，很儒雅。他赶快拿来酒精和镊子为我清理伤口。他非常仔细，就像在修复一件破损的艺术品。他一边清理，一边安慰我，说："不用怕，忍住痛。煤渣子已经取出来了，用酒精消毒以后再打几次消炎针就好了。不用担心，不会发炎的，也不会影响你走路的。"在他的安慰之下，我才慢慢平静下来。

他的办公桌旁边放着一个书架，上面摆着莎士比亚的《威尼斯商人》《哈姆雷特》等世界经典名著，这些书都是我当时从未接触过的。在后来治疗的过程中，我时常得以翻看这些经典名著，想不到我的一次"自告奋勇"竟为我打开了另一个世界的窗户。有时看得太过入迷，竟然忘记了时间，好几次都是他提醒要去上课了，我才恋恋不舍地离开。有时，他会给我讲他的故事，讲书中丰富多彩的世界，古今中外，都有涉及，他鼓励我多读书。他侃侃而谈，学识渊博，教会我许多课本上没有的道理和知识，使我受益匪浅。从此，我有事没事就会去他那里看书。当我看得入迷时，他还把书架上的书借给我，虽然他和我并不算太熟识，但是他却选择相信我。

我相信，我或许并不是他如此用心对待的第一个学生。在他担任校医工作的生涯里，一定是一直这样用心地对待每一个学生。

陶行知先生有句名言："捧着一颗心来，不带半根草去。"[①]用来形容教师的无私奉献精神。确实，教育需要一种爱，爱是教育的源始，没有爱就没有教育。教师的一言一行、一举一动，都会影响某一个学生，甚至是一个学生的一生。教师需要用爱去浇灌每一个学生，有深厚的爱生之心，宽容之心，方能爱生如子。《学记》载："亲其师，信其道。"真心实意对待每一个学生，正是传道授业解惑的前置条件。在自己的教育生涯中，在后来担任校长的管理工作中，不管遇到怎样的学生，我都告

---

① 陶行知：《师范生的第二变——变个小孩子》，载《师范生》，1931(2)。

诉自己，要爱自己的学生。

四、难忘的仲元

我的高中时光是在广东仲元中学度过的。仲元中学始建于1934年春，是为纪念革命家邓仲元先生创办的，具有悠久的办学历史。我的学习环境和生活环境都发生了很大变化，这里的环境比之前的中学好了许多，在这样的环境下，由苦入甜，我学习更为勤奋、努力。在开学典礼上，学校党委黄书记在纪念邓仲元先生的石碑前发表讲话。黄书记讲述了邓仲元先生的成长经历与优秀品质，还讲述了邓仲元先生在跟随孙中山先生宣传三民主义、建立中华民国过程中所做的贡献，号召我们向邓仲元先生学习。

邓仲元先生的革命精神，始终鞭策着仲元学子，激励着仲元学生奋发向上。作为仲元的学生，我更要学习邓仲元先生的爱国主义精神，发扬不怕吃苦、敢于斗争的革命精神。仲元中学的校歌，至今我仍能熟练吟唱：

越秀之山苍苍，珠江之水泱泱，是我仲元所在之乡。

民族之气堂堂，革命之志昂昂，是我仲元所放之光。

我是仲元学生，永远毋忘，永远毋忘，

把仲元精神焕发高扬。

守吾道，至中至正；养吾气，至大至刚。

……

仲元精神，就是坚定的爱国主义精神。我在仲元中学，寻到了爱国主义精神，种下了爱国主义的种子，并把这颗种子移植到后来工作的大石二中、侨联中学，以及现在的桥兴中学，呵护和浇灌每一个学子的爱国情怀，为中华民族伟大复兴的中国梦而奋斗。

除了仲元精神，仲元中学的一草一木、一师一友伴随着我度过美好的三年高中时光，激励着我走向知识的海洋，引领着我走向成功的彼岸，让我奔向广阔的大千世界，追逐人生的航标。

记忆里，在仲元中学六角楼教室里，我认真聆听着班主任梁承祚老师生动有趣、深入浅出的地理课。他随手画来的地形图、长江、黄河……他随口讲到的亚热带季风气候、喀斯特地貌、黄土高原……让我如痴如醉。我由衷地敬佩梁老师这位知识渊博、为人和善的中山大学高才生。当然，除了梁老师，我也不会忘记教授英语的陈建芬老师。她知道我的英语发音不标准，经常给我"开小灶"，送我课外书，还不时鼓励我，给我信心和勇气。正因如此，我慢慢地对英语有了更大的兴趣，成绩也慢慢有了提升。受她的影响，我的高考志愿还填报了英语专业。还有戴着高度近视眼镜的语文老师，他把我的作文作为范文在班里抑扬顿挫地朗读，并表扬我的书写有韵味。他的话语正如一支强心针给了我无穷的动力，让我爱上写作，投身仲元"银杏"文学社。

之所以进入"银杏"文学社是因为我的一篇署名为"绿叶"的文章被文学社录用了。从此，胆小、内向的我在文学社大家庭里得到了锻炼，得到了成长，并拥有了快乐，获得了友谊。每周社团课时间、每天下午放学后，总会有几个青涩的少男少女在一起忙碌着，挑选文章，刻写蜡版，油印蜡纸，整编刊物。马超、兴民、仕璋、立原、雪宁、王莹、炯亮等几个同学和我经常在一起忙碌。我们在团委何书记的率领下，各自分工，相互协作，大家开心地学习、实践，由此结下了永久的友情。看到一期又一期的《银杏》刊物出来，我是那样的满足、那样的自豪。"银杏"小树苗在仲元校园苗壮成长，陪伴着一批又一批仲元学子成长，见证着一届又一届仲元学子考上理想的大学。

仲元湖、荷花池、杨柳树……在无数个白天课后、晚修课间，总会有一群群学生、一批批师生在谈天说地，在争辩，在朗诵，在讨论，在锻炼。虽然在仲元的时光过得特别快，但是我学到的东西很多，难忘的记忆很多。这里的一花一草、一事一人都给了我无穷的知识、坚定的信念。在这里，我学会了互助互爱，拥有了爱国情怀。这些都成了我今后大学生活、教育生涯的源泉。

五、家教，登山前的热身

1990年，高中毕业以后，我考入广州师范学院，专业为英语（师范方向）。一个家庭经济条件不好的大学生，在学习之余从事一些家教活动在当时既是无奈，也是一种"时尚"。一方面，这在一定程度上可以解决日常开销的问题；另一方面，也可以积累宝贵的社会经验，锻炼自己的教学能力，为日后投身教育事业打下坚实的基础。

我的家教工作从大二开始，是一位师姐介绍的，家教对象是一位六年级的学生。他家在广州市西郊的金沙洲，每周有三天晚上补习英语。我每天下午放学后，从学院到学生家骑自行车要一个多小时。为了不耽误时间，我常常顾不得吃晚饭。有时候到得比较早，怕打扰学生一家用餐，我就静静地在学生家楼下等着，到约好的时间再上去。温馨的家庭场景，清冷的街道，不免勾起我的思乡之情。每念至此，我更坚定决心把学生教好，让这份辛苦值得。

在接这份家教之前，师姐对我进行了专门、详细的指导。她告诉我，家教不是简单地对学科知识的补习，而是要营造一种小的教育生态，需要因材施教，根据学生的学习情况安排相应的辅导内容，学会做学生的朋友，注意与家长的沟通，重要的是对学生学科兴趣的激发等。师姐不厌其烦地传授经验，使我收获良多，打破了我以前对家教想当然的想法，更为以后的教学实践打下了基础。短短半年的家教经历让我受益匪浅。

第一次到学生家中，我先向学生家长详细了解了学生的情况，并提出了一些自己的辅导设想。学生的父亲是一名工程师，对孩子的教育很重视，并给予我很大的鼓励。孩子的英语成绩很不理想，100 分的试卷往往只得三四十分，英语基础较差，我深感自己的责任之重，心怀忐忑，怕自己教不好。

对教育学生而言，我虽然学的是师范，但是"纸上得来终觉浅，绝知此事要躬行"。做家教的过程，既是一种磨砺，又是一种成长，我深深意识到自己所学知识的浅薄，实践能力的匮乏。虽然我做了各种准备工作，但是学生对我的到来一开始就表现出抵触的情绪，对辅导各种不配合。我感到无从下手，茫然不知所措，这让我感到非常难过，一度想过放弃。后来，我请教了同宿舍的师兄，又有师姐鼓励：辅导不要操之过急，要先与学生沟通好感情、做朋友，再激发其学习兴趣……

再次去学生家里，我不再直接对学生进行学科辅导，而是先与其谈谈学校的情况、个人的兴趣、喜欢的书籍和故事等，再慢慢与英语进行链接。他的英语基础较差，我让他先多听英语录音带，再多跟读，每次记十个单词、一个句型，让他慢慢培养自信，然后通过一些词汇、句型游戏进一步激发他的信心。做什么事都需要信心，没有信心则难于持之以恒，成绩差的学生对学习的信心普遍不高。实践出真知，经过几天浅层次的正向鼓励，我发现他慢慢克服了对英语的畏惧心理，进入了正常学习状态。

每周辅导次数有限，考虑到辅导的成效，有时候我也会给学生家长打电话让家长对学生进行指导。这个就比较讲究技巧，让家长去指导效果不甚理想，有时往往让学生过来接电话，我亲自提醒一下。一方面，可以避免学生对家长指导产生逆反心理；另一方面，可以帮助学生战胜懒惰，提高学习的自觉性，同时强化了与学生的感情。经过半年的辅导，不但学生的英语成绩有了一定进步，而且他对英语的兴趣和对学习的态度有了积极的转变，这对他以后的学习也产生了深远的影响。

在辅导过程中，我学习如何因材施教，学习如何与家长、学生进行沟通，学习如何对待教育事业。大学生当家教要诚实守信，有责任心，有耐心，尽心尽责教育孩子，走上教师与校长的岗位亦是如此。这次的家教活动，深刻影响到我日后的教育生涯。我知道，有太多这样的学生需要辅导，有太多这样的学生需要因材施教，有太多这样的学生需要鼓励与帮助。毕业后从教师到校长，我的职位有所变化，而教育的初心不变。面对各种各样的学生，我始终如一，不放弃每一个学生，对每一个学生负责。

每个学生的成长，都是在攀登一座座高山，我们的教育便是帮助学生克服前行中的困难，指引他们前进的方向，指引他们走过一山又一山。

山的那一边

　　从牙牙学语到而立不惑，校长曾经亦是学生少年。从山里一路走来，一路上陪伴的人，一路上经历的事，汇成点点滴滴的感动。是山给了我善良、勤劳，给了我自信，还有对知识的渴望，对教育的追求及爱国的情怀，这些优秀的品质烙在我成长的每一个年轮上。经历过艰难的环境，感同身受，更能深刻理解农村孩子的学习境遇，作为老师，作为校长，我竭尽全力去帮助他们成长，使他们改变自己的命运。

第二章

他山之石

有人说，对于一所学校的发展来说，校长是引路人。而校长的成长，也需要有人引路。从山里娃到教师，再到校长角色，不觉已有二十多个春秋。我是一名幸运的教育工作者，在登人生这座山的路途中，有许多人向我伸出援手，拉我一把，指引我成长的方向，成为我学习的榜样。

第一节　见贤思齐，感山之德

《诗》云："高山仰止，景行行止。"在从事教育事业生涯中，我遇见的每一个人，他们身上所具有的优秀品质，都是我学习的对象。他们或使命在心，勤勉奉献；或乐善助人，兢兢业业；或务实进取，攻坚创新……在他们的引领下，我的教育生涯走得更踏实，走得更稳健，走得更长远。他们的高风雅范，照亮我的内心，我被熏陶，被感动，被鼓舞，同时也在行动……

一、一顿饭，一生情，一座碑

1992年，我大学毕业后来到大石二中担任英语教师，我的教育生涯由此开启。在大石二中十多年的时间里，我从刚毕业的毛头小子成长为能够独当一面主持工作的校长。

大石二中位于番禺区西北部的南浦岛上，是一所农村初中。二十多年前的交通状况，与现在不可同日而语。报到的时候，我从市桥坐公交车一个多小时才到洛溪新城，而从洛溪新城到大石二中没有公交车，出租车更是难觅，我只能徒步前行。路的两边都是农田和荒地，种着稻谷、荸荠等作物。我去的时候，正值收割季节，时有农民在田中劳作，路边的牵牛花开得灿烂，一派田园风光，给人以说不出的温暖。丰收喜悦的感染，使徒步报到的我未感疲惫，更有大展身手的冲动，我对自己的前途充满期待。

然而，一到学校，我的心便凉了一截。映入眼帘的是破旧的学校大门，已经锈得不成样子的铁门上方镌着几个褪了色的红铁字，"大石镇第二中学"的"镇"早已不翼而飞，感觉像是回到了五六十年代。走进校门，右边是两三排砖瓦教学楼，墙身已经破旧不堪。左边操场的跑道上铺着沙子，中间长满了半人高的杂草，感觉很荒凉。厕所仍是旧时的旱厕，没有冲水设备，扑鼻而来的味道让人心生"敬畏"。在忐忑不安中，我把介绍信递给了约四五十岁的梁主任。梁主任是一位具有典型农民气息的教师，豪爽而朴实。他看我为简陋的环境而面露难色，语重心长地教育我，要改变农村的贫困状态，正需要我们教书育人，培育人才建设家乡。年轻人吃苦耐劳是一种历练，是宝贵的人生财富。他还兴冲冲地告诉我，有关部门正计划建设新校区，按照市县先进的设施标准规划，不久环境就会大大改善。是啊，环境要改变，就正需要我们培育出更多的人才。我本身就是农村出身，以前上学的时候也经历过艰苦的环境，对此更是感同身受。于是，我想要做出一番事业来，不能辜负读书时的初衷，要让更多的农村学生通过读书改变命运。

在大石二中，难忘的事说不尽。有开心的，也有伤心的；有课堂的，也有课外的；有关于学生的，也有关于家长、同事的。可令我最难忘的却是一顿普通的饭，一位普通的老同事。

报到入职后，一个个挑战便等着我。我面临的第一个挑战居然是吃饭。人生地不熟，学校没有食堂，外面也没有饭店，我当时是那样孤单、无助，肚子空空如也，脑海里在不停地打问号——难道真的要在这样偏远、简陋的学校扎根？肚子都没填饱，我该怎么办呢？前几日满腔的教育激情一下掉到了冰冷的海底。

正当我失意之时，年长的卢国良老师的话给了我无限的温暖和关怀。"有地方吃饭吗？"我摇摇头。他微笑着说："来我家吃，就在村里头，跟我走。"虽然面对的是粗茶淡饭，简陋的地方，但是我的内心却无比温暖、甜蜜。这顿饭如此普通，却是我吃得最香、最难忘的一顿饭。二十多年后的今天，我还念念不忘那屋子、那餐桌、那菜、那饭，以及那张满是皱纹的苍老的脸庞。因为没地方吃饭，所以之后连续十多天，我都在他家蹭饭，直到后来自己和新同事买了炊具一起做饭。

卢老师给我提供的不仅是一顿饭，还有他的为人。

他虽然已有 50 多岁，身材瘦小，数病缠身，但是他的为人、他的热情却一直感染着我、鞭策着我，是我从业之初的一盏明灯。有些学生调皮、难教，但他从没与他们发生过矛盾，他总是以一颗慈爱之心去引导他们，去吸引他们，就连当时班里全都是男生的班级也能与他和谐相处。在课堂上，他循循善诱，以略带嘶哑的嗓音讲解一道道数学例题，思路清晰。

每天下班后，身材瘦小的他在油印室，一丝不苟地刻着蜡纸，戴着老花镜，患有类风湿的手指艰难地拿着笔写着，写得很慢很慢。全校的试卷都由他一个人负责刻写——这是他热衷的额外的义务工作。

在寒暑假，他的身影出现在围墙边、宣传栏边，顶着烈日、寒风，提着一桶红油，一笔一画地写着宣传标语。一问才知道，这也是他自己申请做的，是自愿的，也就是现在我们常说的志愿者。

他是一位老党员，人们称他为"老黄牛"。在原则问题上，他总是据理力争，伸张正义；在是非面前，他把握尺度，扬善惩恶。他常常与我们年轻教师谈话："做老师头几年一定要把握好，认认真真、勤勤恳恳去做，这样，你才会成为一名好教师，你才对得起学生、家长。""农村学生是难教一点，但只要你用心去教，最后他还是会听你的。""成绩是一回事，更重要的是不要让学生学坏。"

朴实的话语，瘦小的身影，给我许多启发、许多指引。他的感人故事很多，他的身影在校园里随处可见，他的热情激励着一拨又一拨教坛新手。

知恩图报，饮水思源。感恩是人最原始、最善良的本能。自此二十多年，逢年过节或有空我都会去看望他，而且带着小孩去，去与他闲聊，去报恩，去学做人。看到他渐渐苍老的脸庞、虚弱的身体，我的心情也变得沉重，我的眼泪就会不自觉地在眼眶里打转，我为与这样一名同事共事而感到幸运，也为他的一顿饭的恩情而满怀感激。

朱自清先生在《教育的信仰》一文中说道："教育者须对于教育有信

仰心……教育者须有健全的人格，尤须有深广的爱；教育者须能牺牲自己，任劳任怨。"①卢老师便是这样的教育者，我永远感恩这顿饭，感恩这位老同事。我想，最好的感恩方式，便是把爱和善意传递下去。在此后二十多年的教育生涯里，每遇见新来的教师，每见到各式各样的学生，我都会想起卢老师，都会情不自禁地以卢老师的品质激励自己，关爱他人，以诚心相待。

二、在党旗的感召下

2002 年，学校组织为广西百色贫困山区学生捐款。他们的学费，一个学期尽管只有二三百元，但是对于百色山区贫困的家庭而言仍是难以承受的重担，有的学生不得不辍学陷入贫穷的循环。当时大石二中还没有党支部，是以党小组的名义开展工作的，教语文的何老师负责党务工作。何老师是老党员，他在每一次的学校活动、每一个工作细节中总是积极发挥党员的示范作用，他带头捐款，深深感染了我。他讲道："农村的孩子不容易，不好好上学只能更穷。很多孩子吃饭都是问题，吃了上顿下顿没有了着落，更遑论学习了。二三百元，我们节省一下，就可能改变一个孩子的人生。如果需要捐助的是我们自己的孩子呢？想想那一双双对知识和生活充满渴望和期待的眼睛，想想他们对远方和未来的美好希冀与憧憬……"

看着他积极倡议捐款，帮扶学生，我和党小组几位同事也跟了上去。何老师讲他自己就是从山区出来的，深知求学的不易，能帮上一个学生可能就给一个家庭带来希望和幸福，作为一位共产党员，要不忘初心，时刻心系群众。其实，他的经济条件并不宽裕，家里只有他一个人工作，还要抚养三个小孩，但他还是积极参加结对帮扶，资助广西百色田林县的一个小女孩，每个学期几百块钱，从利周民族小学到田林县初级中学，一直到她考上高中。小女孩常给他写信，交流她的学习情况。这些信件，他一直珍存着，这是一个孩子成长的记录，更是善意之花所

---

① 朱自清：《教育的信仰》，载《春晖》，1924(34)。

结的果实。这些信件是爱心的见证，让这个世界变得更美好。她在一封信中写道：

敬爱的何老师：

　　您好！

　　您给我寄来的钱我已经收到了，非常感谢您对我学习的关心与支持，要不是您给我的钱，我这个月的伙食费还不知道在哪里呢！

　　老师，这几年来您一直资助我，我学习的费用您都替我交全了，真的很感谢您，是您给了我学习的动力，是您让我有了继续学习的信心，是您让我知道了世界上还有热心人在关注着我们这些贫穷的孩子。

　　可以说，如果没有您，就没有今天的我。现在，即使是千言万语也无法表达我对您的那份感激之情，您给予我的太多太多了。您像一个园丁，不断地为花坛里的花朵付出，并且从来不求回报，只希望它们能为世界增添一抹光彩。

　　敬爱的老师，您放心吧！我决不会辜负您对我的期望，我会以我的成绩来报答您。将来我会为伟大的祖国做出自己的贡献，让我们的祖国更加繁荣昌盛。

　　老师，在冬季来临之际，祝您平安快乐！

受助生：艳芳

　　是啊，能够帮助一个农村孩子完成学习，让她对生活、对学习、对未来充满信心，这是令人欣慰的。《孟子》云："幼吾幼以及人之幼"。意思是把别人的孩子当作自己的孩子一样关爱呵护，即所谓"爱生如子"，这也正是教师的职责与使命所在。

　　在何老师的影响下，我也加入了捐资助学的行列。我捐助的是一个五年级的小女孩——小诗。她有五个兄妹，她排行第二。每学期开学将至，我便会来到邮局给小诗寄点学费。从一百两百，到三百五百，最后连她的同学小爱我也一同捐助了。就这样，我在党组织的熏陶下，在何老师的感召下，每学期开展着爱心行动，我也经常写信鼓励她们要勤学苦练，学有所成，即使生活在贫困的山区，也不能灰心丧气，要通过自身拼搏干出一番事业，为家人、为家乡努力奋斗。我把自己的成长历程告诉她们，激励她们。年复一年，从大石二中到侨联中学，我的爱心行动一直持续到她们完成高中学业。

第二节　以人为镜，悟山之境

"夫以铜为镜，可以正衣冠；以古为镜，可以知兴替；以人为镜，可以明得失。"以先进典型为镜，不仅可以清楚自己的得失，而且可以照见自己的不足，明确所要努力的方向。走上教育岗位后，很多同事、领导，是我学习的榜样，他们就像一面面光彩可鉴的镜子，照亮我前进的道路，鼓励我不断攀登高峰。

一、不一样的班会课

刚当班主任时，我非常忐忑。自己没有经验，缺乏处理班级各种问题的能力，加上学生又调皮，这让我深感任务的艰巨性。当时，虽然没有新老教师"传帮带"等帮扶制度，但是搭档吴老师总是热心地帮助我，从班会课、课堂纪律到家访、与学生谈话等诸多细节，她都尽心尽力、不厌其烦地指导我，手把手地教我，让我获益良多。吴老师年长我几岁，我教英语，她教语文，刚当班主任时她带着我，我们总是一起搭档教两个班，颇有"中西合璧"的味道。

俗话说"新官上任三把火"，刚当班主任的我意气风发，决心大干一场。班会课是学校德育的主阵地，是班主任与学生交流的重要平台，我便把第一把"火"放在班会课上。深知第一次上班会课的重要性，我钻研了几个晚上，精心准备，把要讲什么、怎样讲设计得清清楚楚，针对班级当前存在的问题，一一对症下药找出举措，对同学们提出要求与勉励，畅想未来如何发展等。然而，真到了班会课的时候，我才发现根本不是那么回事，台上我慷慨陈词、滔滔不绝，台下同学却充耳不闻、我行我素，睡觉的、写作业的、说悄悄话的、做游戏的，各有各的精彩，我三令五申，安静也只是昙花一现。一节班会课下来，自己准备的内容只开了个头，其他时间都在维持秩序。这让我身心俱疲，满腔激情一下子被浇灭了。

下课后，我忍不住找吴老师大诉苦水。吴老师听完之后，为我分析原委，指出我的不足与需要改进之处。她讲道，板着脸单纯的说教式班会对学生而言是乏味、没有吸引力的，我又是新班主任，威信不足在所难免，这就尤其要重视发挥学生的主体作用。她告诉我，一节课就那么长时间，你什么都讲，肯定讲不完，大家也搞不清楚你要讲什么……听完她的分析，我对班会课有了新的认识。吴老师重新为我设计了班会课：从怎样选择班会主题，怎样组织课堂，到穿插什么案例等，每一个细节都指导我。为了我更好地带班，第二次的班会课吴老师亲自上阵，让我在一旁学习，这让我从中收获很多。

有些学生会出现吵架、打架等现象。于是第二次的班会课，我和吴老师确定的主题为"同学之间如何相处"，希望学生发生矛盾时相互理解和包容，懂得换位思考，以增强班集体凝聚力。吴老师事先找班长了解班中的具体情况，了解最近闹矛盾的同学有哪些，然后进行个别访谈，做到心中有数。

上课时，吴老师做了简单的开场后，便让班长向同学们汇报了最近发生的同学之间的矛盾。随后，吴老师让班干部随机上台表演小品，场景为一个学生放学走出班级时不小心撞了对方一下。虽然同学们没有事前准备，但由于这是经常发生的事情，因此即兴的表演更具喜剧效果。下面的同学看着上面有同学表演，情绪一下被调动起来了。小品表演完后，吴老师趁着热劲，先让同学们评评理，讲讲发生矛盾的原因，指出双方的错误所在。同学们各抒己见，热火朝天地讨论起来。同学们达成共识后，吴老师再让同学们换位思考：如果你是两位同学中的一位，你会怎么做。最后，吴老师让学生思考如何解决此类矛盾。随后，吴老师风趣地上台演示如何道歉，只见她抱拳鞠躬："这位大侠，小生一时莽撞了。"下面的同学也有模有样地学了起来，互相说对不起。整个过程，同学们始终积极参与，与我上一次的班会课形成鲜明对比。这样的班会课入理入情，同学们在全程参与中明白了道理，解决了班级问题，收到很好的效果。此后，"大侠""侠女"在班中风靡一时，同学之间的关系有了明显改善。

吴老师帮我上的这次班会课，让我茅塞顿开。班会课，也是一堂"课"，上好班会课也需要备课，需要智慧。主题的确定、组织的形式、氛围的创设、角色的设定、语言的锤炼等，也需要有教案、有重点，才能有效调动学生的积极性，进而取得预期效果。一节课的时间和学生的接受程度，都是有限的，明确而实在的小主题更切实际，更容易使学生产生共鸣，从而达到很好的教育效果。班会课不是班主任的课，而是每个学生的课。班会课开设的目的，不是方便班主任管理班级，而是让学生在"课"中有所收获与成长，尊重学生的主体作用非常重要。这是我工作后印象最深的一次班会课。这堂课使我内心受到很大的触动，对教育有了更深层次的思考，让我日后的班主任工作做得得心应手。从大石二中再到侨联中学，这堂课所呈现的智慧与情怀，一直伴随着我。

2009 年，我从大石二中调到侨联中学任校长，每次开教师会议，我都把它当成自己的一次班会课，只是对象由学生变成教师而已。有时，我会把"感动中国""最美乡村教师"的视频作为开会时的素材，他们有人见义勇为奋不顾身，有人不惧艰苦扎根山村教育几十年，有人省吃俭用无私捐资助学……他们的事迹可以使教师们亲身感受伟大，陶冶情操，升华情感。

二、学会用心换心

教育是一项需要爱心的事业，从远方的孩子到自己所教的学生，莫不如此。苏霍姆林斯基曾说，对孩子的热爱和关怀，是一股强大的力量，能在人身上树起一种美好的东西，使他成一个有理想的人，而如果孩子在冷漠无情的环境中长大，他就会变成对善与美无动于衷的人。热爱，是师生关系平等和谐的基础，是教书育人的必备前提。

毕业第一年，我便担任初二一个班的班主任。班里有"五大天王"，他们带头扰乱班级秩序，甚至有人在上课期间玩游戏，让人头疼不已。

在我来之前，先后有两个班主任都因管不了申请调离了。想到这些，我更毫无信心，这时教思想品德课的吴老师向我伸出了援助之手。她教我管理后进生的办法，还说："每个学生的内心都是纯真的，我们可以用爱心、耐心去慢慢感化他们，将心比心、真诚地关爱他们，帮助他们，他们一定会感受到你的用心。"

"五大天王"里有个林同学，他的父母早出晚归，一直在市区打工，疏于对他的管理，他在班上"无法无天"，有时上课还带着足球在脚下晃。那时，我刚大学毕业，和学生们的年龄没有那么大的差距，不管成绩如何都能与他们打成一片。刚一上任，我便按照吴老师的办法以林同学为重点攻克对象。知道他中午回去没饭吃，只能自己做饭以后，我便邀请他过来和我们老师一起吃饭。老师都是自己做饭，他一看到这种情况便主动过来帮忙，其他老师就夸他懂事。这对他触动非常大，以往，老师见了他都是避之不及的样子，恨铁不成钢，现在有老师夸他，他重新拾起了自己可以做好的信心，在班级里的举动也有所收敛。知道他喜欢足球，我便在课后主动邀请他和其他几个同学一起踢球，这既拉近了我与他们之间的关系，又告诉了他们"学要学得踏实，玩要玩得痛快"的道理。

经过一段时间，他的表现有了明显改观，在他的带动下，"五大天王"都有所进步，行为习惯有了一定好转，整个班级的氛围都有所改善。

学生的改变，是一个循序渐进的过程，不能想着严厉批评几次就有效，这需要教师长期倾注爱心、细心、耐心、责任心，掌握一定的沟通管理艺术，去读懂学生，帮他们树立信心，进而潜移默化地影响他们，以达到目的。这是吴老师传授给我的经验，我一直收藏使用，并伴随着往后的教育时光。

三、我是你的影子

1998 年，五一劳动节过后的一个下午。当时，我正在办公室批改作业，林校长单独约我出来谈话。走在满是荒草的操场上，他谈起即将搬迁新校区，这将是学校发展的一个很好的契机，问我有什么看法或者建议。当时，大石二中确实面临着比较严峻的困境，生源不多，教学成绩在番禺区比较靠后，教师们士气也不高。在这里任教几年，我也想让学校发展得更好，便说得多了一些，大致有以下几点。首先，要树立教师们的斗志。正如《周易》所云："天行健，君子以自强不息。"艰苦的时刻更需要自强不息，教师们有了拼劲，才有可能带好学生。其次，千方百计提升教学成绩。成绩是学校发展的生命线。要充分利用学校、家长和社区的资源，提高教师的教育能力与艺术，重视引导学生兴趣，提高课堂效率。再次，学校的发展需要弯道超车。抓特色发展，通过特色发展打响学校的牌子，吸引更多的学生，从而改善生源。最后，新校区带来新机遇，学校肯定会发展得越来越好。

当时，我以为这次"闲聊"只是在搬迁新校区时给教师的一次勉励，后来才发现其实这也是一次考验。新校区硬件设施有了很大的改善，校区规模相应扩大，当时林校长需要一名搭档协助工作，要提拔一名副校长。1996年，我已被评为番禺区优秀教师，所带的班级升学成绩最为突出，并在党建工作、教师工作方面做了大量工作。林校长对我近几年来的情况比较了解和肯定，那次的谈话虽然是一次闲聊，但是对我而言则是一次考核。

从此，我的角色发生了变化，从一线教师成为一名教育管理者，在教育领域中走向了另一个方向。

后来，我的成长更离不开楷模的引领。对我影响很大的是来自江西的谭小华校长。谭校长于1993年调到番禺来，比我大几岁，之前在江西某学校做副校长，后来在大石二中担任教导主任。在教育管理生涯中，谭校长对我有很深刻的影响。我当时就认定，自己就是谭校长的"影子"。正如现在的校长培训，有"将参训校长派往省内、省外实践基地学校跟岗"的"影子校长"培训。我时常向他请教，学习他，模仿他，学习他的为人处世、对学校的管理、对学校环境的营造、对学校文化的建设等，深刻体会他的管理理念及方法，我从中受益匪浅。

谭校长做事细致认真，他那种专业、执着的精神十分让人敬佩。我对谭校长工作中的一个细节印象格外深刻,以前学校的中期教学检查做得比较粗略,大多只是检查教师教学环节做了什么,谭校长则亲自设置表格进行检查并及时整改,从以前的粗略地填写到非常细致地量化。比如,检查作业情况,从以前的有无细化到作业的次数、作业的难易程度、学生的反应情况,是老师批改得不够,还是题型设置不合理;教学设计不足之处在哪里,是重点没把握好,还是备教法、备学法不足;等等。甚至为每个学生建立档案,记录学生平时对知识的掌握情况,如某学生哪个单元掌握较好或有待加强,需要后续跟进。这种细致,所呈现的正是一种全心全意对学生负责的态度,是以教书育人为使命的担当。

谭校长以先进的办学理念引领学校发展。被调到富丽中学后,他率先提出"培养可持续发展的人"的办学理念,关注学生真善美的培养,在当时就已经深刻意识到理念引领的重要性,高瞻远瞩,走在很多学校的前面。他在怎样建设学校、怎样提炼学校理念、如何进行学校文化建设等方面都颇有大家风范。后来,他先后辗转洛城中学、象贤中学、番禺中学和仲元中学,我经常跑去和他交流,向他取经。在我全面主持学校工作后,受他的影响,我非常注重理念的引领作用,提出"以特色促发展"的思路,为大石二中在逆境中找寻了一个突破口。

谭校长还重视教师队伍的成长。在教师队伍的建设中,他站在一个比较高的思想层面上,坚持引进来与走出去相结合的策略,他亲自策划、设计培训计划和内容。他亲自去找大学里的教授,请高校教师到学校来为教师开展专题讲座。另外,他每年还组织相应的教师外出集训,如到比较知名的中学或者师范类院校跟岗学习等。当时,教师培训项目还未形成市场化,许多大学教师来学校授课都是因为谭校长的个人魅力与教育情怀。同时,谭校长还深入课堂,倾心指导教师备课教学,真正做到了以人为本。

在德育建设方面,谭校长也有很多开创性的举措。现在,对新生开展军训与国防教育,几乎已经成为每个中学的常规性项目。然而,在20世纪90年代的番禺,这可以说是一种创举。谭校长请现役军人到校训练学生，使学生的日常作息、行为习惯、精神面貌有了明显的改观。这对我的启发很大，校长工作不仅要抓好常规性的工作，而且要以创新的精神开拓新思路，使德育活动符合生命发展规律，这样才会出实效。

"读万卷书，不如行万里路。"谭校长在学生的教育方面，更重视知行合一。每个暑假，他都让教师带学生去北京、井冈山等地进行考察学习。他规划这些活动，不是走马观花式旅游，而是结合研究性学习和旅行性体验创新合一的精品课程，让学生亲身体验，感受光荣的革命历史，感受厚重的中华文明，感受著名大学的人文底蕴，激发他们对祖国的热爱之情，激发他们对未来的无限向往，从而提高他们的境界与认识。2013年2月2日，国务院办公厅印发了《国民旅游休闲纲要（2013—2020年）》，纲要中提出"逐步推行中小学生研学旅行"的设想，可以说谭校长是走在了政策的前面。

谭校长与人交往礼而有方，我也从中学习到很多。在与他人沟通交流时，他能做到换位思考，总是先静静地倾听意见和建议，从不轻易打断他人的发言，随后对他人的观点表示尊重，再谦虚地提出自己的意见，有条不紊地列出"一、二、三、四"来。他没有校长的架子，在教师中深具亲和力、感召力和凝聚力，很多教师都乐于与他打交道，学校管理举措执行起来便更顺畅。教师队伍是学校发展的关键要素之一，这种交流的平等与尊重，展现了他善于沟通的艺术，也对我以后处理与同事的关系有很大的帮助。管理学家伯恩斯说过，沟通不仅是一种技巧和手段，而且是一种境界。善于与教师沟通的校长，在凝聚人心、汇集智慧方面具有强烈的人格魅力，能让教师们真心实意跟着自己干，建立志同道合的关系，充分发挥每一位教师的智慧，齐心协力建设好学校。

谭校长作为一个外地人初到番禺，人生地不熟，但他能很快适应过来，发扬艰苦奋斗的精神，表现出超强的个人能力，不久便得到教育部门领导的重视，被调任为富丽中学校长。他刚调到富丽中学时，富丽中学正在筹办建设。炎炎夏季，他一直在工地现场，亲自主持并监督学校规划、设计与施工工作。其实，他只要坐等竣工交付使用就好了，不必如此辛苦。但是，他有自己的办学思想，把学校当成自己的家，一心一意想把学校办得更好。从学校文化建设、办公室的布局和各年级教室的设置，到洗手间的布局等，他考虑得面面俱到，让人敬佩不已。他还在教学楼之间增设宽敞的连接长廊，并点缀名人名言、国学经典等，这样既方便师生平时的出入交流，又为学生的课间活动提供了场所，而且文化长廊营造了良好的学习氛围。这种敬业与用心，深深地感染着我，从大石二中到侨联中学，再到桥兴中学，我知道教学需要用心，管理更需要用心，要用心经营学校这个"家"。

在处理好校园内部日常管理、教育教学改革、校园文化建设、教师团队发展的同时，谭校长还积极处理"内"与"外"的关系，为学校的发展扮演引路人的角色，争取学校发展的外部支持，谋求学校新的发展。他善于把握学校发展机遇，在富丽中学筹办的过程中，苦心竭力争取房地产企业加大投入，建造了高标准的运动场，并增设了奖学金奖励优秀学生，丰富了学校资源。我内心深刻地明白，对于学校的发展，校长的眼光不能只停留在校园的一亩三分地上。近些年来，学校发展的环境已经发生了深刻的变化，关起门办学已经成为历史，学校越来越处于统一开放的社会有机体中。学校的发展，需要争取多方的支持，拓宽学校发展的空间，需要丰富学校发展所需的各种资源。

能遇到几个"引路人"，是我莫大的幸运。谭校长便是其中一个，他身体力行引领我的成长，教会我如何做事、如何管理、如何引领学校发展与成功，我一直希望成为他的"影子"。

我一步一步紧跟着卢老师、谭校长等人学习，学习他们的为人处世，领悟他们的教育思想，将亲身所见、所感、所想与实践相结合，用实际行动走出自己的教育之路。感恩这群可爱的同事、前辈，正是他们引领着我不断前行，不断攀登教育事业的高峰。

第三节　专业引领，仰山之高

好教师、好校长都不是天生的，而是在教育管理实践、学校发展变革中锻炼出来的，我很幸运遇见生命中的"贵人"，他们为我解惑，助我成长，领我登高。

一、公开课的启示

1995年，学校推荐我上一节县级的英语公开课。我虽然已工作三年了，教学能力有了一定提升，并取得了相应成绩，但是从未想过上县级公开课，这对我而言是一次不小的挑战。当时的农村初中教师，能够被推荐上县级公开课是十分难得的。公开课有压力，但压力也是动力，我很兴奋并很努力地准备着。

公开课既是普通的一课，又是不普通的一课，它需要更精心的准备，而这个准备的过程又是一个很好的学习过程。从被推荐上公开课开始，我的大脑就时刻处于紧张之中，思考如何准备、如何上好。我利用一切可以利用的时间和精力，去钻研教材，翻阅相关资料，请教优秀同事，还向其他学校的教师请教，思考并开展教学设计。学校领导与同事们，都尽心尽力地帮助我，从备课的重点内容到课堂的教学方式，事无巨细——指导，使我信心倍增。他们还勉励我，不用太紧张，准备好了一切就会水到渠成，下班后他们找我打球，帮我减压，这些让我感动不已。

第一次试讲的班级是初二年级的一个班。面对一群陌生的学生，我瞬间慌了，不知道该如何进行下去。这时，他们的班主任林老师急中生智，向班上的同学简要介绍了一下我这个较为陌生的老师，并说这次公开课之后上级领导还要来听课，让同学们认真对待。有了林老师的暖场，我渐渐镇静下来，按照设计开始上课。

第一次试讲后，教师们马上进行集中评课。我的搭档吴老师提出了很有指导意义的意见，我太重视公开课，想要呈现较多的内容，但是学生的接受能力有限，他们跟不上课，课堂需要精讲多练，重视教学实效，发挥学生的主体作用。另一个教英语的老师提出，英语场景的引入与设置，需要更多细节的引导，我举的一个例子是某个词汇在外国人对话时是如何运用的，这里可以更具体地指导某个学生在某时某地遇见外国人时如何运用某个词汇，或者当堂演示一个小短剧。教导主任指出，这节课总体比较平稳，想要突出的重点太多反而没有了重点，重点和亮点都需要突出……

这些意见和建议我都一一记录下来，我更加明白了团队的作用。经过第一次试讲，我对自己的教学设计进行了较大改动，修改了教案中的内容，精选了所要呈现的重点环节，增补了一些具体的交流场景和学生表演活动，并及时点评和鼓励学生……经过一段时间的准备，我又进行了第二次试讲，如此反复磨课，一次次评课，一次次创新，一次次总结与反思，终于等到了公开课。

经过前期的精心准备和精雕细琢，在同事们的专业指导和帮助下，这次公开课比较成功，达到了预期效果，得到了相关领导与同行的好评。从接到任务到成功开讲，中间经历近两个月的时间，这个过程虽然辛苦，但是我很充实，收获颇多。这对当时的我是一次难得的激励，在压力与动力的促进下，我在教学准备、授课方法、教学互动等方面获得全面的提升。

其实，这节公开课不仅是我自己所上的一节课，而且是集体智慧的结晶。鲁迅先生说："上人生的旅路罢。前途很远，也很暗。然而不要怕。不怕的人的面前才有路。"之所以不用怕，是因为我和集体同在，我不是一个人。在上这堂公开课的过程中，太多的同事与行家给予我专业的引领、积极的鼓励。

同时，我也深刻认识到了自己的不足。太过于重视公开课的"公开"，而忽视了"课"，公开课的实质仍是"传道受业解惑"，需要以育人为宗旨，应在"课"上多做文章。我领会到公开课也是真实的日常教学，需要回归常态课，遵循课堂教学与学生的认知规律，回归本源，避免形式主义，真正发挥课堂教书育人的实效，体现课堂的发展真谛。

到侨联中学任校长后，我非常重视公开课对年轻教师的锻炼。无论是亲自上一堂公开课，还是听取他人的公开课，都是年轻教师快速成长的重要途径。年轻教师或者教学能力比较薄弱的教师，上公开课是一次难得的锻炼机会，通过上公开课能提高自身的教学水平，发掘自身的潜力。无论是查找资料、请教同事、事前备课、试讲、磨课的过程，还是优秀教师的点评，都会使人受益匪浅。成功的公开课会激发年轻教师教学研究的热情，增强其在教育生涯中的自信心，对其产生深远的影响。而公开课之后的总结反思，对于年轻教师而言既可以明确自己的长处，又能认识不足之处，从而有效提升教学能力。因此，到侨联中学后，我要求学校的所有教师每学年都必须上一节公开课。

二、第一次发表论文

时代变迁日新月异，教育改革不断深化，在当今飞速发展的社会，在做好教育教学工作基础上开展科研活动，更新理念，成为教师专业成长的需要。

1996年，我来到大石二中已经有四年了，有了一定的教学经验，教学成绩有了显著的提升。经过上次的公开课，我对教育教学有了更多的思考。在吴主任的鼓励下，我把前辈对我的指导，结合自己总结的经验与日常的反思，提升为理论，写了一些文章。其中，有一篇被当时大石镇教办创办的一本《教育教学》内刊选入，当时这在我们学校算是十分难得的，我为此兴奋了很久。

教办负责指导我的教师，是一位姓温的数学教师。文章被选中后，还需要调整、修改。刚拿到温老师改动的第一稿，我被深深地感动了。打印稿上的圈圈画画，用了三四种颜色的笔进行区分。他不仅做了圈划，还在旁边标注相应的意见，或引经据典，或改正偏误，或引发思考，不一而足，给我很大的启发。从篇章的布局、段落的设置、论据材料的筛选，到定稿，他在各个环节都给予我细心的指引与帮助。他严谨认真的工作态度，诲人不倦的长者风范，扎实渊博的学识素养，给我留下了深刻的印象。

他不仅对我这一篇入选文章倾注心力，还从论文的选题、学术语言、论证方法等写作方法上用心指导我的写作，令我印象最深刻的一句话就是"好文章是改出来的"。那时，我的论文水平还很一般，但是年轻人的轻狂却没落下，往往自认为写得已经不错了。他还是不厌其烦、逐字逐句地提点我，推荐我阅读相关的参考书籍，引导我参考其他人的优秀研究成果，并将其作为自己的理论支撑。我真正踏实下来研究才发现自己的文章确实存在一些问题，如理论不足、观点缺乏证据等。在文章的不断修改中，我的理论水平有了很大提升，文章的质量也上了一个台阶。虽然只是发表在大石镇的内刊上，但是这次成功的尝试，对我以后论文的写作与科研都有很大的激励作用。

正如人们常说的，年轻的教师要有一年站稳讲台、三年成为教学新秀、五年成为骨干教师、十年成为名师的发展目标。教师有了发展目标和职业规划，其专业成长之路才会走得更好、更快。

"书山有路勤为径，学海无涯苦作舟。"学习是没有止境的，管理也是一种学习，在学习中收获管理的智慧，让人生前景更灿烂。

第四节　培训研修，追山之远

"欲穷千里目，更上一层楼。"想要看得更远，就必须再上一层楼，登得更高。山高放眼，风光无限。要想看到风景，就需要攀登，需要付出。校长的成长，也需要积极探索和无限进取，不断求索。他山之石，可以攻玉。

一、做有思想的领导者

"领导一所学校，主要是教育思想的领导。"

"从教师中来，到教师中去，了解他们的需要，发扬他们的智慧。"

"读教育家故事，做教育家校长。"

"读书、实践、思考、写作是教育家成长的必由之路。"

"任何一位教育家的成长都源于他坚定的人生信仰。"

……

我认真聆听着孙孔懿教授讲课，飞快地记录着他的讲课精髓，总担心遗漏了哪怕一句话。这是一位来自江苏省教育科学研究院的老教授，给我们首届京苏粤优秀中青年校长高级研修班学员开讲的第一课——"打破神秘感，走近教育家——苏霍姆林斯基成长之路的启示"。虽然年事已高，但是孙教授认真地讲苏霍姆林斯基的故事，讲他的为人，讲他的教育情怀，讲他对事业的执着和对学生的无私热爱，还讲了一个教育家的成长经历。三个多小时，孙教授娓娓道来，非常投入。孙教授是一位非常有思想的老师，是一位值得我们学习的前辈。

2012年5月10日下午，我们又迎来了培训的第三课——"校长领导力的开发与提升"。郑金洲教授幽默风趣而又不失力度的讲授，让我们听得如痴如醉，如沐春风。他在谈到危机领导力时，说道："最好的领导力就是令危机事件不发生。"在谈到校长战略领导时，他又说："校长要想教职工想不到的事，做教职工做不到的事。"对于决策力的开发，他强调大决策不用急于拍板，要认真、全面分析后再决定。而对于危机领导力的开发，他建议用"3c"原则，即沟通（communication）要及时，控制（control）要有力，关怀（care）要得法。

……

一转眼，四天的讲座培训就结束了，我们接着到校跟岗学习。我们来自京苏粤三省市的五位校长被安排到无锡市凤翔实验学校跟岗。我当时心里有点郁闷，觉得全班大部分小组都被分配到南京市或其他一些大城市的名校跟岗，而我们去的凤翔实验学校却位于无锡的城乡接合部。

5月13日，凤翔实验学校安排车到火车站接上我们，行驶40多分钟，到达目的地。我当时心想，不会是随便安排一所学校让我们跟岗的吧。不一会儿，车慢慢靠街边停了下来。我走下车，映入眼帘的是一所崭新的学校，门口一座大楼上写着"无锡市凤翔实验学校"，大门旁边一块巨大的文化石上面刻着"和合"二字，文化石下面还立了一块刻着学校宣言的大理石。一位文质彬彬颇具学者气质的中年人在门口等候我们，原来他就是许昌良校长。图 2-1 为我们跟岗学习的校长与许昌良校长（左三）的合影。

图 2-1 我们跟岗学习的校长与许昌良校长（左三）的合影

"就学生自行车的摆放，我们的要求是让其成为学校的一道风景线。"第二天，许校长带着我们边参观校园边介绍，我们确实看到了一排排自行车整齐地停放在车棚里。

"那是我们老师的宣言，这是我们学生的宣言。"他指着墙壁上挂着的两幅喷画说。

"跟我来这边，看我们的广播操，我们要把它打造成大江南北第一操。"随着他走向操场，我们听着雄壮的音乐声，看到在操场上近 2000 名学生正在做学校自编操，学生随着音乐整齐有力地转身、伸手、踢腿、跳动、弯腰……

"'本色'课堂要回归教学原点，回归教育本质，我们用教材来教只是之一，而不是唯一。需要整合，就是我们要用好学习指导书（导学案），把握'三个不'：已有的不要上，无价值的不要上，不增加学生负担。抓住共性、个性的统一，整体性、层次性的统一，两个统一。学习指导书可全做，也可部分做，也不是每节课都要有学习指导书，关键是实效性，一切围绕指导、实效。"这是我在参加学校一节公开研讨课时许校长的发言。

在参与学校语文学科教研活动时，他在听了几位语文教师点评当天上午的公开课——《松鼠》后，也发言道："把几节公开课优点及问题梳理一下，探讨一下'本色'课堂的实在性及模式。我说'本色'课堂非'本色'语文、数学等，而是要规范，即'本色'要考虑学生，立足点、核心是学生，是生命而非知识，要激发学生主动性，教师要做到'煽风点火'。课堂的马蹄形座位是整体而非个性，语文'本色'课堂再发展就是走向简单，不一定是完整，而是让学生有深刻的印象，让学生有所得。"

一周跟岗时间过得很快，我们跟随许校长参观校园，了解名师工作室，参与公开研讨课、语文学科教研活动，深入课堂听课以及聆听学校管理层的几个讲座，跟岗不知不觉结束了。我非常庆幸来到这里跟岗，从中领略一位江苏省特级教师、一位未来教育家的思想与智慧。几年时间，他把一所由三所乡镇学校合并而来的薄弱学校发展成名校，他的成功并非偶然，他的思想、理念值得我们学习，也激励和引领着我之后的成长。

一是做有思想的校长。他以"和合"文化引领学校发展，认为初中校长要在校内踏踏实实耕耘，做好几件有益于师生的大事。

二是德育先行。他认为学生应先懂事，后考试，成长比成功更重要，严抓学生养成教育，如自行车要摆成一道风景线，广播操要成为大江南北第一操，扫地要有"一屋不扫，何以扫天下"的态度，并开展传承军校精神活动。

三是教学为重。他推行课堂改革，构建马蹄形座位小组，以"本色"课堂为抓手，以学习指导书为中心，发挥学生主体性，教师只是起辅助、帮助的作用。

四是注重教师成长。他认为教师的倦怠就如"温水煮青蛙"，没有追求，只求安稳。于是，他要求每位教师要有发展规划，开展教师"充分发展"与"必要发展"培训，成立"名师工作室"及开展"良师工程"。

五是实行扁平化管理。设立由分管校长、年级主任和中层领导组成的年级管理委员会，每两周开一次主题办公会，各位成员轮流发言，并成立课程教科部、发展策划部、学生工作部和后勤保障部。他认为干部教师要多读书，多交流，探讨学校教育，如开展读《不抱怨的世界》《做最出色的中层领导》《风雨哈佛路》等书的活动。

二、在"被学习"中成长

依据广州市基础教育系统新一轮"百千万人才培养工程"和"名校长"培养项目的实施方案，作为培养对象的校长要到一些名校实践学习。华南师范大学基础教育培训与研究院（以下简称"华南师大基教院"）为"名校长"培养对象准备了两条路线方案：一条是到山东的一些中小学名校参观学习及交流，另一条是到江西赣州助力农村教育。我们一行23名中小学校长在学院的倡议下报名参加了江西赣州助力农村教育实践活动。这次活动主题是"学校发展规划与特色建设——广州市名校长工程助力教育部'国培计划'农村校长助力工程：走进江西南康教育"。

到南康的首站是南康六中，南康六中也是一所位于城乡接合部的学校，地理位置不算偏僻，但班额多、学生多，条件简陋。一走进校门，我们见到的就是几栋教学楼，楼上都是教室，教室里挤满了学生，其他场所却很少，校园里都是泥土地。我心想，在这么艰苦的环境下开展教育教学真不容易，听完几节课后更觉如此。之后，来到校长室，我们就学校的发展与校长进行了研讨，并提出了诊断意见。下午根据安排，我们进行了"学校发展规划与特色建设"专题发言。一走进学校大阶梯教室，我们就看到里面坐着来自南康六中及附近学校的校长，以及100多名中层干部。后面的横幅上写着：热烈欢迎华南师范大学助力江西南康的名校长、专家莅临指导。我被安排在第一排的主席台位置，心想这次真的被摆上台了，成了"名校长"，看来这专题发言不容有失，好在我为发言做了充分准备。

第二站，我们来到南康朱坊中学。位于山区的南康朱坊初春还有点冷，树木还没有完全发芽，再加上山多人少，故显得有些冷清、萧条。一大早起来，我和其他两位校长一组赶紧来到了教学楼二楼初三（3）班的教室，准备听张老师的英语课。只见教室里都是破旧的桌凳，墙皮也有些脱落，昏暗的灯光下学生却是满满当当的，我粗略估计有五六十个。学生们脸蛋红彤彤的，一脸的羞涩与好奇，还有对知识的渴望。他们的桌面上堆满了书本，他们用不太标准的英语朗读单词和课文，神采奕奕地回答问题，满怀激情地参与对话练习。很快，一节、两节、三节，不知不觉我们就听完了三节课。下午第一节，按照计划我们小组要组织听课教师、授课教师进行评课。首先，授课教师讲述自己如何设计教学目标、内容、方法和练习等；其次，听课教师评课、议课；最后，由我们三个"专家"从教学目标和情感态度及价值观多个维度，从整个教学的目标、重难点、策略及师生互动等多方面进行分析、点评，并就备课组的建设进行经验分享。

在为期一周的实践活动里，我们一行23人分两批深入走访江西南康二小、南康实验小学、南康六中、南康朱坊中学、南康中学、南康三中等学校，为这些学校的校长、干部、教师开讲座，讲座内容涉及学校文化建设、学校管理、课堂改革、队伍建设、教研制度建设等方面；与南康二小、南康六中行政人员、教师座谈，分享学校特色发展，为学校未来规划做诊断；参与多所学校众多学科的听、评课活动，引领他们的课堂改革和教研建设；并给南康中学师生上示范课，展示广州课堂教学改革的新方向、新模式。

在这次教育教学活动中，我仿佛成了名校长、专家，所以也不得不以从没有过的认真态度和专业标准要求自己。因为我是代表广州市"名校长"来助力南康教育的，不容儿戏，而且这里的教育确确实实需要更多人的支持。所以我备了课去开讲座，去听课，去评课，去发言，并和他们分享了自己的经验和广州教育教学的一些好的经验，我自己也从中得到了锻炼与发展。我由培训班时候的学习者、学生成了教师、"名校长"。

在"被学习"中的成长是否可行有效？经过这次"被学习"的实践体验，我认为是可行、有效的，而且从校长、教师、学生及家长等方面都可以进行深入探索。

校长在"被学习"中成长，可促进校长的领导力、管理水平等方面的提高。

比如，校长的外出培训学习和交流多提倡"被学习"，增加校长自己"被学习"的环节，多开展交流、讨论、展示活动，通过"被学习"促进自身领导力及专业能力的提高。又如，校长在学校校本培训中"被学习"。在学校的校本培训中，校长也是"专家"。给教师、学生做校本培训，要想讲得好、讲得专业，校长必须先备好课，钻研相应的专业知识，结合教育教学中的案例，做师生的引领者，在"被学习"中成长。再如，校长在科研课题、课程开发等各方面积极"被学习"。校长积极参与主持课题，开发校本课程，在教师中"被学习"，既能促进校长的专业发展，又能促进学校科研等方面的发展。

教师在"被学习"中成长，可促进教师管理力、专业发展等方面的提高。

第一，在学校的校本培训中，教师应成为"被学习"者、主讲人。第二，学校引导教师组成多个学习共同体，共同体内的教师在课堂教学、课题研究、班级管理、活动组织等方面都开展"被学习"。每个教师在共同体内既是"学生"，又是"教师"，既是参与者，又是主持人，在"被学习"中成长。第三，学校开展开放日等活动，让家长、社区人士走进学校，走进课堂，走上讲台，教师都在"被学习"。

学生在"被学习"中成长，可促进学生学习力、综合能力等方面的提高。

首先，学生人人参加学校社团，每个学期定期展演，每个学生都在"被学习"中展示才华；其次，结合学校的课堂改革，每个学生都要参加研学小组，相互合作、探究，在"被学习"中进步；再次，将班级各方面的细节工作分给每一个学生负责，人人都是"干部"，都要负责某一项工作，参与管理学生，在"被学习"中提升综合能力；最后，推行课前一分钟演讲，让每一个学生都做演讲者，每月都有一次上台演讲的"被学习"机会。通过"被学习"，学生的学习力、管理力及综合能力等都会得到锻炼、提高。

家长在"被学习"中成长，可促进家长凝聚力、教育方式等方面的提高。

一是家长在家长会、"家长学校"会议上是主讲者，分享经验，交流提高；二是家长根据专长和兴趣承担学校部分社团课的授课工作，指导、参与学校志愿服务，成为特聘志愿者；三是家长给学生做思想、品德、心理、做人等方面的辅导，成为"被学习"的对象。家长也在"被学习"中不断成长，这既对学校师生有很大的帮助，也能使其自身得到发展，并且家长与学校的凝聚力、家长之间的凝聚力会有所增强，亲子的教育方式等也会得到优化。

这是一种创新的培训模式，通过支教参与学习，通过讲座、评课、指导倒逼自我提升。实践证明，我得到了锻炼和提高，在"被学习"中成长。

2014年7月，《生活教育》杂志刊登了我这次的学习体会——《校长可以在"被学习"中成长》。

三、那就是航灯

在一次培训学习中，我有幸聆听了两位名家的讲座。他们的讲座对我的教育思想、理念触动很大。一位是曾任华南师大基教院院长、华南师大附中校长的吴颖民教授，另一位是曾任华南师大基教院副院长的王红教授。

吴教授在"名校长成长"讲座里，给未来教育家提出了八条建议：一是不断坚定教育信念，不断追求教育理想；二是注重理论修养，更要注重理论指导下的实践；三是倡导研究的工作状态；四是努力让自己开阔视野；五是勤于学习，更要勤于思考；六是提炼自己的观点，发出自己的声音；七是珍惜学习的机会，放大学习效果；八是努力为广州教育转型升级做贡献。吴教授的话成了引领我的"航灯"。

王红教授给我们做了"教育思想凝练的若干问题"的主题讲座，她把教育思想的凝练过程比喻为思想助产过程。助就是借助一定力量提炼、提升，将实践感悟、体会上升到理性认识的程度和层面，产就是不外加的，是自身内隐的，借助于一定的手段诱发、引导出来的。她强调思想助产要抓好四个重：重提炼（写），重实践（做），重参与（参），重辐射（带）。

受两位名家的启发，在华南师大基教院童宏保教授的指导和帮助下，在番禺区教育局的大力支持下，侨联中学于2013年12月成功承办了由华南师大基教院和番禺区教育局主办的"校长的办学思想提炼和学校的品牌建设"研讨会。广州市基础教育"百千万工程"名校长培养对象及番禺区中小学校长200多人参加了研讨会。会上裴志坚、陈洁两位名校长和我分别做了主题发言。我的发言主题是"办一所师生眷恋的学校——市桥侨联中学立品教育的实践与思考"，我对经思想助产而来的初步的教育思想——"办师生眷恋的学校"，以及学校的文化理念——"立品教育"进行了阐述。这是一个通往名校长之路的必经环节，也是我不断前行的"航灯"。

近两年，我又参加了广东省初中骨干校长高级研修班的培训学习，在几次培训会上，岭南师范学院徐洁博士多次向我们全班学员强调：多读书，多写文章，多开讲座，要争取成为省市名校长、成为名校长工作室主持人。图2-2为我参加骨干校长培训时的留影。

做教师就要争取做一位名师，做校长就要努力成为一位为让师生健康成长的校长，这是我不懈的人生追求。

图 2-2 我参加骨干校长培训时的留影

四、漂洋过海去取经

(一)赴美前的学习研讨

2018 年 9 月 9 日，经过 20 多个小时的飞机颠簸，我们一行 20 多位学员来到了美国芝加哥参加"校长领导力和课程建设"的培训学习。

在出发前的两个月，华南师大基教院黄道鸣副院长就组织我们开展网上研讨学习：一是学习《美国基础教育：观察与研究》这本书，了解美国基础教育的基本情况；二是开展专题研讨，提升学习有效性。例如，"校长领导力""学校课程建设和特色打造——从 STEM[①] 教育看课程整

---

① STEM 是科学（Science）、技术（Technology）、工程（Engineering）、数学（Mathematics）四门学科英文首字母的缩写。

合""中小学教师专业发展：校长的责任与策略""谈谈自己对美国中小学德育工作的理解"等。

2018 年 7 月 31 日，我们的领队黄院长就在微信群里抛出问题开展网上研修了。

温馨提醒：明天的微信群在线研讨开始时间是晚上 7 点，主题为校长领导力，建议聚焦校长领导力的标准、评价以及培养。请每位校长都发言，如果在国外无法参加的，请后续补发到微信群里。@所有人

第二天晚上 7 点，网上研讨时间一到，我打开微信就看到我们赴美学员班学习委员赖校长首先发言：

党的十九大报告提出必须把教育事业放在优先位置。学校教育要满足人民日益增长的享有更公平更高质量教育的需求。在新时代下，大家如何更公平地看待或者评价校长的领导力和一所学校的发展？我觉得不妨听听不同人群的心声。

教育行政部门：学校不要发生安全责任事故，校长管理既要防微杜渐，又要创新理念引领学校高质量发展。

校长们：一个好校长就是一所好学校，要评价一所学校办学如何，关键看校长的为人处世能力。有思想、有追求、会团结协作、能踏实前行的校长比较受欢迎。

教师们（有不同心声）：一个好校长就是一位"好家长"，他把全体师生当作自己的儿女，为这个"家"带来无限的温暖。校长、教师和学生之间不再是上下级关系，而是如亲人般坦诚相待、心手相连、同心同德、共生共荣的关系，携手家长一同打造有温度的课堂，实施有温度的教育，静待花开。好校长应该是懂得人文关怀、富有大气和智慧，能为师生营造广阔的发展空间，并推动学校持续、和谐发展的领导者。学者型的校长未必能成为好校长，因为他们有时会感情用事，缺乏理性思维……

家长们（有不同心声）：孩子未踏进学校时，家长关注的是学校的名声、学校的师资和学校的教学质量。当孩子就读学校后，有的家长关注

的是孩子接受教育的公平性、安全性和健康程度；有的家长则关注校长的办学理念和创新引领下的学校文化，关注师生的持续发展。这一切一切的关注都在于学校能否给予孩子更宽广、更高质量的发展平台……

学生们：其实我们觉得校长应该民主、大气、亲民、和蔼，懂得包容，能解决我们提出的一些问题和困难；能多开展一些体育文娱活动，给我们多提供一些接触社会的机会，学习未来生活和生存的技能；我们不在乎学校的硬件环境如何，但我们很在乎学校老师处理问题的公平性和老师的工作态度……

为此，我比较认同首都师范大学教育学院张爽老师在《对校长领导力的反思与重建》一文中提出的："校长领导力的表象是学校中大多数人对校长的认可和对学校发展愿景的认同，其核心是'价值认同'和'信任文化'。"华东师范大学公共管理学院代蕊华和万恒老师在《教师职业生涯发展中的校长领导力研究》一文中说道：校长扮演着领导者、指导者、激励者、调解者等多种角色。我们当校长真的很不容易，面对要满足新时代不同人群日益增长的需求，我们每天都在扮演着不同的角色。所以，要评价校长的有效领导，还须多听听师生、家长多个角度的评价。

关校长：我认为校长领导力是校长的价值领导、教学领导和组织领导三大维度的综合体现，其中最重要也最基本的，是其指导学校校本课程编制与课堂教学的能力，这是中小学校长专业能力中为其他行政管理者所不可替代的能力。

张校长：我认为，校长领导力是一种影响力。从影响力的来源来看，在知识经济时代背景下，一所学校的领导者能否在教师中产生影响力，能否在同行中、社会上获得良好的口碑，主要取决于以下四点：第一，能否提出既能传承发展学校文化，又有个性特点的办学思想；第二，能否提供有特色的课程服务；第三，能否推进学校的发展；第四，能否让学生身心健康地成长。

张校长：我认为校长领导力可以简单地分为两点。一是校长对学校的人、财、物的管理能力，即校长职位权力所赋予的。二是校长在对学校发展规划的共同目标实施过程中，所具备的决策力、执行力和影响力。最终使全校教职员工、学生、家长成为实现这一共同目标的忠实追随者，并获得社会和上级各部门的认同。

……

黄院长：大家对校长领导力进行了多维度的分析，很有价值！有学者认为校长领导力首先是教学领导力，大家认为是否合理？

梁校长：我持保留意见，我认为校长领导力不应该单单是在某一方面的领导力，而应是全方位的、综合性的人格魅力。

王校长：校长的领导力概括起来有多方面，是一个综合体。

黄院长：是的，客观全面判断，但是毕竟有所侧重，有些国家的校长都有指导教学的任务。

孔校长：校长领导力一般是指在学校内及学校所能影响的范围内，校长充分地利用人、财、物和政策等主客观条件，以最小的成本办成所需的事，提高学校办学效益的能力。

厘定校长领导力，首先要弄清楚校长的六大专业职责：规划学校发展，营造育人文化，领导课程教学，引领教师成长，优化内部管理，调适外部环境。

简单说，校长领导力就是校长如何以相关教育理论为指导，以独有的办学思想为引领，结合学校的历史、当下以及发展需求，有所侧重地实现六大职责。因此，偏重某一方面都不恰当。

赖校长：学者通常都比较单一地从教学领导力层面去界定，而从如今干部培养和选拔来说，首先看重的还是人格魅力、责任与担当。

王校长：我觉得校长的领导力更多的是从精神文化层面，而不是从具体事务层面来说的，具体事务毕竟有分管领导。

吴校长：我赞成校长领导力首先是教学领导力的看法，这也应是我们的努力方向。但按目前我国校长所承担的责任来看，教学领导力只是校长领导力的一小部分。

王校长：我个人认为校长的领导力首先是思想的领导力，校长应该能够凝聚行政、教师、学生、家长、社区等各方力量，朝着学校发展愿景努力前行。

......

第二周网上研修的主题是"中小学教师专业发展——校长的责任与策略"。当天晚上 20 多位学员又在微信群里展开了激烈讨论。

第三周、第四周......

不知不觉，一个多月的网上研讨过去了，我们已经为赴美学习做了充分的准备。

（二）在美研修

通过赴美前的学习与研讨，我收获了一些知识，但也产生了更多困惑。"美国校长的职责、领导力真的如讨论说的那样吗？""美国 STEM 教育到底是怎样开展的？""美国中小学生学习不会辛苦吗？"......

于是，我带着这些困惑在美国进行了为期三周的参访和学习。从芝加哥到华盛顿，从普通学校到特许学校，从中小学到职业中学，从学区到博物馆等。在加州多米尼克大学，我们进行了为期两天的培训学习；我们参访了芝加哥联合社区 93 学区的总部；在伊利诺伊州第五大公立学区 202 学区，我们相互真诚地交流；我们参观了芝加哥大学附属实验学校并进行了研讨；我们还到芝加哥公立学区（CPS）重点"磁校"（又称"特色学校"）STEM 小学听课......虽然学习很辛苦，每天傍晚回到住地后都要进行小组研讨，写学习日志，整理、交流，但是我们也很充实、快乐。下面分享两篇日志。

9 月 10 日

今天，我们进行了一个简短而有意义的开班典礼。美国 21 世纪学会廖主席、华南师大基教院黄院长、广州市教育局陈处长和我们班的班长王校长分别做了发言。

他们的讲话使我领悟到：第一，美国能成为世界强国，教育功不可没，而中国要从世界大国走向世界强国，教育必须有作为；第二，广州要打造具有国际视野、专业水平的高端人才，基础教育需要有一批名校长、名师去引领，我们要有担当精神和专业水平；第三，外出学习机会难得，我们应虚心好学，多看、多听、多反思，对自己及学校有提升，对学生成长有帮助；第四，从细节入手，从高处着眼，有的放矢总结提升，不必过分拘泥于面面俱到。

廖主席进行了有关美国教育体制的讲座，使我对美国教育体制有了更多了解，便于后面的参观学习。她告诉我们学习交流要带着专业问题，并且回来要及时反思总结。她的讲座为我们后面理解课程和访学交流做了很好的开局。

接着我们进行开班典礼合影。

下午是一个讲座课程，由路易斯国家大学国家教育学院韩雪教授授课。韩教授的讲座给了我们很多思考：第一，教育要有包容性、创造性，要尊重学生的个体差异，开展区别化教育；第二，注重学生综合能力培养，加强动手、拓展活动及生活教育；第三，多样化开展学生测评，多运用形成性评价，促进学生健康发展；第四，积极发挥家长、社区的参与性，创新家校合作模式；第五，提升校长领导力和课程创新能力，提高广州基础教育的办学水平，培育更多名校、名校长。

他山之石，可以攻玉。相信我们赴美学习一定会收获满满，并以之实践，引领广州教育走向新高地。

9 月 21 日

清晨，我们一行到达了芝加哥公立学校重点"磁校"沃兹沃斯小学。沃兹沃斯小学是一所以数学和科学为特色的学校。这里有一到八年级的学生，还有全日制和半日制的学前教育的孩子。这所学校已经被伊利诺伊州的"学校改进与发展研究所"认可，并且在 ISAT 连续六年获得模范成就奖。图 2-3 为我在美国研修时的照片。

首先由"磁校"、天赋教育和 IB 课程项目主任威罗尔卡·纳什（Veronica Nash）博士和学校校长拉希德克·沙巴兹（Rashidk Shabazz）博士分别介绍了芝加哥教育的整体情况和公立学校"磁校"的开展情况，他们还对 STEM 教育的理念以及它的特征、教师的发展等做了比较详细的

图 2-3　在美国研修

整体介绍。芝加哥借推行 STEM 教育创新来平衡部分有色人种的教育，解决芝加哥的种族问题，同时提升他们解决实际生活问题的能力。学校也借用这个理念进行了一个整体的规划，特别是以 STEM 教育为特色，留住生源，使学生在学校开心学习，增加其自信和成就感。随后，我们深入课堂听课，有数学、生物、科技、阅读等，并与老师、校长就 STEM 教育在学科中的融合进行了交流。

第一阶段的学习在紧张与忙碌中结束。下午我们进行了第一阶段的毕业典礼，班主任钟罗金博士首先回顾了本阶段的学习情况，并制作了一段小视频，大家看起来倍感温馨。接下来华南师大基教院黄院长就本阶段的学习情况做了总结，并对为本阶段学习付出努力的人士表示衷心的感谢。随后，学员代表赖海虹校长表达了所有学员的心声：学习历程有心酸与收获，学习成果有分享与创新！美国 21 世纪学会廖主席，用"感动""自豪""责任"对我们本阶段的学习做了小结。之后，廖主席还给我们每位学员颁发了结业证书。

一天的参访学习虽紧张繁忙，但我们收获很大，STEM 教育与学科融合以及作为特色培育很值得学习，下面分享几点，或许对国内开展STEM 教育的学校有一点启发。

启发一：把 STEM 教育理念作为学校发展的品牌来培育。

STEM 中的科学在于认识世界、解释自然界的客观规律；技术和工程是在尊重自然规律的基础上改造世界，实现对自然界的利用，解决社会发展过程中遇到的难题；数学则作为技术与工程学科的基础工具。由此可见，生活中发生的大多数问题需要应用跨学科的知识来共同解决。

之前学校发展比较滞后，很少有白人学生来这里读书。为了给学校找出路，校长就把 STEM 教育作为学校发展的理念及特色培育。在芝加哥教育部门的大力支持和指导下，经过多年的发展，学校现在的成绩以及学生的保勤率都得到了很大的提高，并且进入了芝加哥的第一层级学校，学校还被评为"磁校"、芝加哥公立学校的重点学校，并且在ISAT 连续六年获得模范成就奖。

启发二：把实施 STEM 教育的顶层设置好。

STEM 课程重点是加强对学生四个方面的教育：一是科学素养，即运用科学知识（如物理、化学、生物科学和地球空间科学）理解自然界并参与影响自然界的过程；二是技术素养，也就是使用、管理、理解和评价技术的能力；三是工程素养，即对技术工程设计与开发过程的理解；四是数学素养，也就是学生发现、表达、解释和解决多种情境下的数学问题的能力。

首先，学校把 STEM 教育作为学校的发展理念；其次，学校做好多年 STEM 教育的发展规划，争取芝加哥教育部门把其作为 STEM 教育实验学校，并给予大力的支持和指导；再次，学校师生、领导、家长、社区上下形成共识，坚定 STEM 教育的发展路径；最后，学校营造浓厚的 STEM 教育文化氛围，提升教师的 STEM 教育的专业技能，在课程设置中大力开展 STEM 教育。另外，校长还通过个人的能力申请了科技扶助资金支持师资培训和场室建设。

启发三：强化 STEM 教育师资队伍建设。

队伍建设是课程创新的关键。这所学校在开始实施 STEM 教育的时候，教师有所抵触，于是学校成立了一个 STEM 教育领导小组。因为 STEM 教育是芝加哥市决定的项目，所以学校要求教师都要积极配合开展实施，每个教师都要签订协议，大力支持课堂改革；然后，争取上级部门派种子教师来培训学校教师。学校前后用了两年时间培训，重点是使教师形成共识，使其成为学校 STEM 教育的一名成员。根据具体规划，学校全面支持骨干教师积极参加上级的一些培训、学习，改进课程设计，并通过骨干教师培训其他教师。学校 STEM 教育开始有数学、科学等专科的培训、实施，以后做全部学科的培训、实施。

启发四：大力推进 STEM 教育在学科中的实施。

在学校学生干部的带领下，我们分别到各个教室听课，有生物课、数学课、科学课、阅读课及艺术课。从我们所听所看中得知，他们把 STEM 教育充分融入各个学科中。在创客室，我们看到各小组的学生在教师的指导下分别开展了机械类的、工程类的、信息类的、电学类的及建筑类的等各种项目的模拟设计与制作，各个项目都要运用跨学科知识来解决问题。据教师介绍，每两到三周各小组互换项目，大家都能学习各类项目。在数学课上，我们看到师生把信息技术融入学科中开展游戏类知识竞赛，学生积极参与，非常活跃；在生物课上，我们看到师生开展种子无土培植实验，融入数学学科知识计算时间、生长高度，融入物理学科知识研究如何更好地开展光合作用；在美术课上，我们看到学生将画好的图案通过软件以三维立体的方式展现在我们面前，学生兴趣很高，课堂气氛非常活跃。STEM 既是独立的课程，又是与学科相融合的课程，把 STEM 教育作为一种理念显得尤为重要。

启发五：营造浓厚的 STEM 教育文化氛围。

环境文化是学校文化的重要组成部分，对师生的行为及价值观有着耳濡目染的作用。这所学校的门口外墙上有醒目的 STEM 标志，走进学校的走廊以及各个班的教室，我们都能看到各种各样的有关 STEM

教育的介绍，包括对 STEM 教育的内涵、STEM 教育的实施步骤及四个具体内容的解释等，还有结合学科学生应该如何去实施的一些注意事项，以及师生在这些方面开展的培训、活动及效果情况等。例如，工程类 STEM 教育的实施步骤如下：提问→构想→计划→创造→测试→改进→分享（Ask→Imagine→Plan→Create→Test→Improve→Share）。此外，实验室、教室墙上张贴的关于各类项目的实施环节等，给人感觉 STEM 教育无处不在，每一个人都参与，文化氛围浓厚且有特色。

　　STEM 是一门科普教育课程，但又不仅仅是一门单独的课程，它是跨学科融合的课程，更重要的是一种教育理念，要求学生通过一个项目综合运用科学、技术、工程、数学四方面的知识，解决实际生活中的问题。

　　STEM 教育的实施让沃兹沃斯小学得到发展，使师生有了自信和能力。我期盼我们国内的教育工作者对 STEM 教育有更多更好的了解和研究，并将 STEM 教育理念充分运用到教育教学中，培养更多具有创新能力和全球竞争力的学生。图 2-4 为观察美国学生上课。

图 2-4　观察美国学生上课

　　为期 21 天的学习，使我受益匪浅。我明白，校长除了通过专业标准提升自身领导力，还要建设让学生健康发展的课程。课程建设创新需要从创新课程理念、创新课程内容、创新课程师资、创新课程方法及创新课程评价等方面进行探索。另外，美国之行还消除了我之前对美国基础教育认识上的一些误区，以为美国中小学学生学习都很轻松，其实并非如此；我更清晰地了解了东西方文化的不同和各自的优势，增强了自己的文化自信和民族自豪感。

　　我从教 20 多年，参加的各类培训、学习不少，有短期几天的，有长期几年的，从国内到国外，从薄弱学校到优质学校，从普通学校到特殊学校等。每到一处参访，每听一次讲座，又或每一次交流、分享，我觉得都是登山路上的一个台阶，都会有或多或少的感悟、收获，或所观所想，或所思所悟。这些培训和学习，让我站得更高。每翻越一座山，就多了一分收获，多了一些见识，视野更宽更广，眼界更高更远，促进了校长领导力和课程建设力的发展，提升了学校办学思想和办学理念，更重要的是增添了我对教育事业的情怀，提升了我的境界。

第三章

登山之路

"我攀登，是因为它的存在。"在工作、学习的过程中，人们总会遇到各种挫折与困难，正如登山之路，随着高度的增加、阶梯的陡峭，人们在攀登的过程中或许汗水淋漓，气喘吁吁，每到有陡峭台阶的险峻地带，叹气不止，每前行一步腿上似有千斤重物，脚步虚飘。艰难的路途，更能收获美丽的风景，奇石、云海、劲松……其中的辛苦与甘甜都需要经历方可懂得。生命不止，攀登不止。

第一节　登山，是与学生生命的美好相遇

赞科夫说过："就教育工作的效果来说，很重要的一点是要看师生之间的关系如何。"①我国著名教育家陶行知先生也说过："你的教鞭下有瓦特，你的冷眼里有牛顿，你的讥笑中有爱迪生。你别忙着把他们赶跑。你可要等到坐火轮、点电灯、学微积分，才认他们是你当年的小学生?"②一名教师更要用心来关爱学生，关爱每一个学生，要让每个学生在学校里都能开心快乐，要让每个学生都感觉到"我能行"。

一、学生其实不简单

"老师，跟我照个相。""老师，我也要。"……

在饭店的一个包厢里，大石二中1996届初三(2)班的近20名同学相聚在一起，他们看到我的到来，争先恐后要与我拍照，凤清、柳坚、志海、少惠几人互不相让。最后，班长骏杰和副班长柳蓉解围说："我们来个大合照好了，还要吃饭呢。"

那天是2018年8月27日，学校即将开学，我正忙着开学的准备工作。一般的朋友聚会我都推了，但这次学生的邀请，我觉得很有意义，决意参加。这次聚会有1996届初三(2)班的近20名同学和(3)班的两名

---

① ［苏联］赞科夫：《和教师的谈话》，杜殿坤译，23页，北京，教育科学出版社，1980。

② 陶行知：《人生为一大事来：陶行知教育集(评注本)》，张素闻评注，130页，北京，中国纺织出版社，2017。

同学，是他们专门为我补办的一次同学聚会。可能你会有很大的疑惑，怎么还有补聚会的？

那要从聚会的一周前说起。学生凤清给我发微信：

叶老师你好，上次跟你说的我们同学聚会，你能参加吗？期待你的参与。时间：2018年8月23日18点。地点：洛溪新城××××酒家。

可当时我正好临时出差在外，只能抱歉地回复他们：

由于出差在外，我参加不了你们的聚会，你们按预定时间、方案进行吧，抱歉！

对此我很抱歉，因为之前两个月他们在准备聚会时与我商议过具体时间，我当时觉得在暑假应该没问题。可是，由于临时要外出学习，我就没办法参加聚会了，而且他们还请了多位教师，这让我感到十分惭愧。这次是他们专门为我补办的一次同学聚会，我深为感动，心想无论怎样都一定要去参加。那天到的人数不比他们上次聚会人数少，令人难忘。虽然他们都毕业20多年了，但是师生之间的感情越来越深厚。

这届学生是我在1993年接手的初一新生，那是在我任教的第二年。那时我刚出茅庐，对教育充满好奇与爱，对世界充满执着。虽然学校位于远离繁华城区的一个岛上，而且条件也很简陋，但我还是毫不犹豫地留了下来，当了一名农村教师。

学校学生来自岛上的四个村子：东乡村、西一村、西二村、西三村。大部分学生学习基础比较薄弱，也没有养成很好的习惯；家长对孩子的教育不够重视，这让我的教学工作充满了艰辛和挑战。上初一英语课的时候，很多学生连26个字母都读不准，单词也不认识几个，上班会课时，有的学生经常调皮捣蛋，我喊破喉咙他们也不听。开家长会，家长也经常只开一半就走。

在这样的环境下教书，我当时想过放弃，想过转行，但最终还是选择坚持下来，坚持做老师，坚持留在这偏远的农村学校。这也许与我的成长经历分不开，与我对教育的执着分不开，与学生的纯朴、可爱分不开。他们需要更多的关爱和帮助，需要更好的教育去改变现状。

正因为这样的执着，我下定决心想办法上好课，教育好学生。我从仅有的几百元工资里拿出一些钱购置了一批书籍，有《班主任工作漫谈》《英语课堂教学法》《中学英语教师教学手册》等专业书籍，还有苏霍姆林斯基的《给教师的一百条建议》。农村学校，晚上活动很少，这让我能有时间去学习、研究教育教学方法，从中找到一些对班主任工作、对课堂教学有帮助的方法和措施。在平常的工作、生活中，我虚心请教年长的同事，学习他们如何做班主任、如何调动学生学习英语的兴趣等一些具体问题。

1996年放暑假前的一天，我正在初三(2)班的教室看几个学生排练毕业活动节目。那是一段相声，由于当时学校还没有毕业典礼的惯例，我只好在班里办一个庆祝学生毕业的简单活动。听得正入迷，突然有人拍了一下我的肩膀，我吓了一跳，一看，原来是卢校长。他笑着说："叶老师，你教的班中考考得很好，有五个学生上了重点线，总平均分比其他班多了近20分，创了学校历史纪录。祝贺你！"我当时既兴奋又激动，兴奋是因为我带的初三(2)班中考成绩创了学校的纪录，确实不容易。往年整所学校一届可能仅有一两个上番禺师范、仲元中学这类重点高中或中专的学生。这次一个班就有五个，而且总平均分和英语成绩都比年级和往届高了很多。激动是因为我在学生身上付出了很多心血和汗水，并且有所收获。

成功有偶然性，也有必然性。回想起来，我觉得能成功的原因有如下几点。

一是师生关系融洽、和谐。从初一接手这个班到初三毕业，我自始至终关爱他们，服务他们，与他们建立一种良好的师生、朋友关系。下午放学后，我们经常一起踢球；假日我们经常一起去郊游。二是在学生管理上注意让班干部发挥带头作用。我采取"以点带面""兵教兵"的办法，培养学生干部，发现学生特长，放手让学生自主管理。例如，班会课由班干部轮流负责组织，班值日、班活动等由既有威望又有能力的班干部负责组织实施。三是改变课堂教学方式。我有意识地用简笔画、图片、游戏等方法教授词汇，用角色表演等形式讲授句型。这大大提高了学生学习英语的兴趣和动力。四是把家长会开到村里去，我一个村一个村开家长座谈会，强化家校合作效果，提升家长参与度，促进农村学生家庭教育水平的提高。

苏霍姆林斯基认为，爱孩子体现在对孩子的关心与信任上。在初三(2)班的学生身上，我践行了苏霍姆林斯基的教育理念，收获了成功。

二、期待每一朵花开

从教时日渐长，我不仅为师者，也为人父，总是希望能给学生、给孩子最好的帮助，希望他们的成长道路平坦，希望他们能获得成功。但是，很多学生用行动告诉我，他们对老师的给予，并不一定喜欢。有的时候，我的苦心经营，还不及一个天时地利人和的契机，如若能及时抓住契机，或许就能改变学生的一生。

小林是我从教以来印象非常深刻的一个学生，也是成功案例中的主人公，他激励着我努力发现每一个教育学生的契机，帮助他们发现更好的自己。

1997年入读我所教初一班级的小林，是家中的老大，还有一个8岁的妹妹，家庭经济条件一般。父亲是一名杂工，母亲是农民，父母对小林寄予厚望，希望他能读好书，但事与愿违，小林对学习毫不在乎，虽然老师经常教育，但是小林依然我行我素。进入青春期，小林更加叛逆，经常迟到，父母也无可奈何。为此，小林的家长、班主任和科任教师都非常担忧，经常找小林谈心，对他进行思想教育，但小林的学习状况丝毫没有改善，后来发展到几乎要休学的地步。

在对小林几乎束手无策的时候，学校要选拔国旗升旗手了，我第一时间想到了小林。小林长得高大英俊，身材挺拔，虽然不容易听进老师的教导，但是非常爱惜自己的"羽毛"，很注重个人形象。也许，小林是一个非常合适的人选。然而，想到小林在学校的表现和学习态度，我又犹豫了，他究竟能不能做好呢？此时，我想到美国教育家、心理学家霍华德·加德纳提出的观点：每个人都至少具备语言智能、逻辑—数学智能、音乐智能、空间智能、身体—动觉智能、人际智能和自我认知智能，这一理论被称为多元智能理论。加德纳认为，每个人都或多或少具有这几种智能，只是其组合和发挥程度不同。每个学生都有自己的优势领域，有自己的学习方法，他们都是具有自己的智力特点、学习类型和发展方向的可塑性人才，而适当的教育和训练将使每一个学生的智能发挥到更高水平。①

于是，我在同事们怀疑的目光中，找来了小林。我准备好学校以往升旗手的一些照片和现在国旗班的照片，开门见山地说："小林，现在有一项任务，很多老师都怀疑你能不能胜任……"还没等我说完，小林就满脸不耐烦地嘟囔着说："不用说啦，不能胜任！"我说："但我认为你能胜任！来，看看这些照片，我们学校准备培养新的升旗手，你的形象这么好，真的很合适，不试一试，怎么知道自己不行呢？"小林细细地看着我准备的照片，流露出羡慕的目光，似乎在想象自己穿上升旗手服装那一刻的神气。见此情景，我赶紧说："其实做升旗手最重要的是动作的标准、舒展。我看过你在课间操时的'表演'，还有元旦会演的街舞，动作非常舒展有力，所以这一次选拔后备人才，我第一时间就想到了你！"小林居然不好意思地低下了头，但又很开心地说："老师，你居然都看到了，还没有批评我……好的，我会尽力去训练。"

就这样，小林很努力地参加升旗手的训练，他的站姿、正步走都练得非常标准。最后，学校在几个参与训练的候选人中正式确定小林为学校的升旗手。小林在每一次的升旗仪式上，都一丝不苟，帅气的脸上不再是吊儿郎当的样子。都说认真的人最可爱，那一刻，我看到了小林的可爱。

慢慢地，老师们都说小林变了，学习变得认真了不少，虽然成绩还是中下水平，但是其态度已经截然不同。

---

① ［美］霍华德·加德纳：《多元智能新视野（纪念版）》，沈致隆译，9～20页，杭州，浙江人民出版社，2017。

本来我觉得小林或许就只能做做"花架子",但在他推着亲手改造的"电动自行车"回校的那一刻,我知道我错了!在 20 世纪 90 年代,读初二的小林居然能做出一辆与现在大街上的电动自行车不相上下的改装自行车,我立刻推荐小林参加学校的科技小组。在老师的指导下,小林成功发明了一款环保的电动自行车。小林带着这个作品参加了广州市的发明创造比赛并获得大奖。在展示会上,当看到小林自信满满地向与会领导和师生介绍他的作品时,我为他骄傲和自豪——他终于找到了自我。图 3-1 为我在细心指导学生。

图 3-1 我在细心指导学生

后来,小林的成绩不断进步,考取了自己喜欢的专业,现在在一家大型连锁酒店担任经理。

从小林身上,我感悟良多。

首先,学生各具特点,需要因材施教。如前所述,每个学生都有自己的优势智力领域,有自己的学习方法,都是具有自己的智力特点、学习类型和发展方向的可塑性人才。适当的教育将使每个学生的智能发挥到更高水平。因此,教育应该在全面开发每个学生的各种智能的基础上,为学生创造多种多样的展现各种智能的机会,给每个学生以多样化的选择,从而激发每个学生潜在的智能,充分发展每个学生的个性。无论何时,我们应该树立这样一种信念:每个学生都具有在某一方面或几方面的发展潜力，只要为他们提供了合适的教育，每个学生都能成才。教育工作者应该做的，就是为具有不同智力潜能的学生提供适合他们发展的教育，因材施教，把他们培养成不同类型的人才。

其次，因势利导，激发学生发展潜力。"因势利导"一词出自《史记·孙子吴起列传》："善战者因其势而利导之"①。意为顺着事情发展的趋势，向有利于实现目的的方向加以引导。第斯多惠在《德国教师培养指南》里指出："教育的最高目标就是激发主动性，培养独立性。从广义上讲这就是一切教育的最终目的。"②教育是人类一项有目的的活动。要想使学生成为我们所希望的有用的人，我们需要将学生的自然状态和教育的目标结合起来，做到因势利导，唯有这样，我们才能引导他们成为最好的自己。

最后，让每个学生成为最好的自己。人发展的动力来自自我的觉醒，不仅要活着、要存在，而且要做自己想做的事，成为自己想成为的人。因此，我的教育主张就是，在学生已有经验的基础上，引导他们发现自己，成长为自己想要的样子，成为最好的自己。

三、爱是教育的缘起

苏格拉底说过："教育不是灌输，而是点燃火焰。"③每个学生心中都有一颗火种，或为自由，或为成功，或为快乐……而教育，需要点燃学生心中希望的火焰，让他们对生活、对未来有热切的期盼和希望。

小健是一名初一的男生，12岁，个子不高，眼神清澈，长得很可爱。入学不久后，毫不起眼的他却"一鸣惊人"，引起众多老师的关注——不能完成作业，不能理解老师的话，与老师对话时总是懵懵懂

---

① （西汉）司马迁：《史记：评注本》，甘宏伟、江俊伟评注，383页，武汉，崇文书局，2010。

② ［德］第斯多惠：《德国教师培养指南》，袁一安译，85页，北京，人民教育出版社，1990。

③ ［古希腊］苏格拉底：《苏格拉底的教化哲学》，唐译编译，248页，长春，吉林出版集团有限责任公司，2013。

懂，测验的成绩总在 0～10 分……

原来，小健是一位随班就读的特殊孩子。虽然已是初一的学生，但是他只认识"大""小""人"等简单的字；26 个英语字母记不全，数学只能从 1 数到 9，与同学、老师只能进行简单的沟通，在认知、社会适应、语言能力、粗大动作及精细动作等方面明显滞后于同龄人。在日常的学习生活中，小健能参与班级大部分的活动，如早操、体育课和室外活动，但不能很好地遵守课堂纪律，有时在课堂上看漫画书，还会不自觉地在课堂上走动或吃东西。

在上小学的时候，小健父母就发现他与其他孩子有明显的差异，后来小健被医生诊断为智力缺陷。为了让小健不被歧视并能像普通孩子一样成长，父母一直希望能让小健在普通学校学习。小健的父母从朋友口中得知，侨联中学的教育理念较为先进，一直在推行融合教育，对于有特殊需要的孩子能提供一定的帮扶措施，因此希望小健能到我们学校读书。

在小健入学前，我们学校对于随班就读学生也曾一度非常迷茫。一方面是对刚入读初中的随班就读学生不了解，而且随班就读的学生类别比较多，特点各异；另一方面是由于教师的特殊教育的专业技能还没有达到一个较高水平，难以满足特殊学生的需求。为此，我们进行了很多的探索和尝试。

（一）引领教师认识和重视随班就读工作

工作多年，我认为真正领有残疾证或具有随班就读资格的学生虽然不多，但是在学习上有困难或有行为问题的学生却不少。作为一线教学老师，我发现教师多采用"灭火式"的做法，经常是"起火"即出现了问题才匆匆忙忙去"灭火"处理解决。这样疲于奔命的做法，既消耗教师的能量，效果也不尽如人意。对于融合教育的理念认知，我们的教师需要进一步提升。

广州市教育局规定，义务教育阶段要实现"零拒绝"，要求有一定能力的特殊学生回归普通班，与普通学生共同接受教育。然而，特殊学生回归普通学校，若教育方式不做任何改变，只是要求学生去适应普通学校、普通班，这对特殊学生的成长与发展意义甚小。融合教育和特殊教育要求给每个学生提供在学习上所需要的协助与支持，因此对每个学生的了解非常重要，融合教育和特殊教育提出学校适应学生，对教师的教育教学技能要求就更高。为此，我校申请成为番禺区随班就读试点学校，经常性地组织骨干教师进行特殊教育的专项培训，学习相关的理念并掌握一定的专业技术。所以当出现了特殊学生的个案，我校就能更快地开展融合教育。在侨联中学，在小健个案出现之前，学校已对不同教师群体开展了多轮培训，而我本人，也多次参与学习并有效地落实随班就读的相关工作要求。

（二）提高普通教师对有特殊教育需要的学生的认识

在普通学校，普遍存在以下两个问题。

第一，对有特殊教育需要的学生乃至随班就读学生的认识不足。侨联中学作为初级中学，更多的是面向适龄青少年的教育教学，学校教师关注更多的是学科的教学和对学生的教育管理，对于有特殊需要的学生的认识不多。对于特殊学生的认识，大部分教师仅局限于听力障碍、视力障碍、肢体残疾等，但对于学生的多种隐性障碍，如学习障碍、情绪与行为障碍、注意缺陷、自闭症等，认识不足。

第二，难以接纳特殊学生。在过去的观念中，不少教师认为，特殊学生应该到特殊的学校学习。持有此观点的教师一是认为只有特殊学校才能提供条件让特殊学生学习；二是认为特殊学生在普通学校会遇到更多的困难，诸如同伴的欺侮、其他家长的反对等。因此，有些教师认为普通学校不应该接收特殊学生。在这样的情况下，特殊学生虽然在随班就读的政策下能在普通学校学习，但是学习效果并不理想。

针对教师中存在的这种情况和态度，在小健的个案中，我们尝试了一些新的做法。

首先，从教师对特殊教育的理念和认识上着手做工作。作为学校领导，我充分意识到随班就读工作的重要性，在教育教学工作日益繁杂的情况下，融合教育是我们教育教学工作的一大难点。因此，我利用不同场合与契机，向全校教师渗透随班就读这样一个概念。早在 2011 年，侨联中学就邀请了华南师范大学的专家为全校教师做题为"学习障碍的鉴别和教育"的专题讲座，让全体教师对特殊学生特别是学习障碍学生的教育有清晰的认识。通过聆听讲座，不少教师的观点从"不认真学习的学生是思想、态度问题"逐步转变为"需要多观察和思考学生不认真学习的真正原因"。但仅仅这样是不够的，我们通过科组长等的专题学习以及班主任培训等机会，向一线教师介绍特殊学生的类别及其表现，以帮助教师对特殊教育有正确的认识和理解。实践证明，这样的讲座、培训和学习，确实让不少教师对特殊教育及有特殊需要的学生有了科学的认识。

其次，帮助教师在情感上接纳并客观地对待有特殊需要的学生。在对待有特殊需要学生的情感上，不少教师相当矛盾：既怜悯又抗拒。那些已经为人父母的教师，能设身处地地考虑到一个特殊孩子给家庭带来的痛苦，因此对于这些孩子自然产生怜悯之情，也在生活、学习上尽量给予他们关怀和帮助。

在小健的个案中，一开始班主任对此类学生没有深入了解，缺少行之有效的方法，因此产生了担心、害怕、抗拒的情绪。针对这种情况，我经常找这位班主任和相关经验较多的教师一起谈话，并以自己的知识和经验与他们共同探讨、思考，共同想办法帮助小健，使班主任在心理上觉得自己并不孤单，是有依靠的。领导的支持成为帮助教师接纳特殊学生的重要力量，小健的班主任曾经说："校长的鼓励和精神上的大力支持，使我和任课教师的精神压力减轻不少。"

同时，我们一起学习相关的知识并初步分析小健的实际情况，探讨如何对小健在学校中的学习和生活进行目标定位。鉴于小健的学习能力和基础，小健很难在学业上取得同龄人平均水平的成绩，因此在学业水平上要求小健达到普通学生的平均水平是不合理的。如果让教师像辅导普通学生一样去辅导小健取得一定的成绩，也是不现实的。所以在学业上，我们的目标是让小健认识生活中的一些常用字，这是他基本生活所需要的。当然，在学业目标设置上，由于缺乏经验和专业知识，我们未能为小健制订个别化的教育计划并实施，这是我们一直在思考的改进之处。在小健的生活上，我们的定位是让其提高生活质量。因此，在学校的人际交往上，我们从两个方面去帮助小健，一是尽力教会小健与同学正常交往、顺利沟通，尽量避免小健对同学产生干扰。我们专门安排了两名同学协助小健的学习和生活。二是让小健能在学校生活中快乐成长，尽量培养小健在学校的生活自理能力和劳动能力。对小健的目标确定以后，我们在小健的教育教学上有了工作的方向和重点，教师们对小健的帮助也就能有条不紊地展开了。

在小健的个案中，我深感特殊教育的专业知识和技能是有效开展随班就读工作的关键。例如，在小健的情况定性上，我们通常说的是智力障碍，也有的说是发育迟缓，但小健智力障碍或迟缓的程度是怎样的？我们要提供的帮助是什么？采取什么样的干预措施？……这些都需要专业的知识和技能，只有一线的工作者有了评估的能力，才能根据评估结果对学生个体进行个别化辅导和课程评量。但是，这些正是我们普通学校的教师所缺乏的。

在小健的个案中，在和班主任商定小健发展的目标时，我回忆起在台湾学习时郭色娇老师告诉过我们："学生是校园的主角；有教无类、因材施教是融合教育具体的展现；带好每个学生是我们的目标；我们可以让学生在校园的学习及生活更美好……"为了让像小健这样的学生能在学校学习和生活，我们也全面铺开面向学生的"特教宣导"活动，让普通学生学会尊重、接纳特殊学生。同时，也为小健安排更多的个别谈心辅导。

规范化管理是随班就读工作的"生命"延长线。一项工作的发展及完善，仅仅依靠领导重视是不够的，还需要有规范化的管理。其中，完善的组织结构是随班就读工作政策顺利落实、计划有力执行的保证。因此，我校随班就读工作建立了行政管理体系及教研体系。行政管理体系主要是校长负责组建学校随班就读工作小组，每学期举行两次例会。具体工作即确定学校随班就读计划，根据上级随班就读的各项政策开展工作；协助有特殊教育需要的学生制订和落实教育计划；检查随班就读学生个人档案，管理随班就读学生学籍，评估本校随班就读学生情况，考评及奖励本校随班就读负责教师。教研体系由分管教学的副校长组织随班就读教研中心组，其小组成员为学校主管德育、教学的主任，年级级长及科组长，随班就读学生所在班的班主任，心理教师。随班就读教研中心组组织随班就读教育、教学的定期教研，进行相关学习，并开展相关的学术、课题研究。例如，在小健的个案中，我们会建立随班就读的个人档案以及制订个别化辅导计划，也会定期联系家长，开展家校合作，做好小健的教育教学工作。这些都需要规范化的管理才能更好落实，既可以对特殊学生有所帮助，也能提升教师的专业技能，唯有如此才能把随班就读工作做好。

在教育生涯中，我遇到了小健。每当我看到他露出纯真笑容的时候，当看到他挥手告别我们的校园的时候，我都有无限的感动，原来让有不同需要的孩子快乐成长是同样重要啊，特殊教育让我回归教育的本质：爱是教育的缘起！

四、母校，学生们永远的"家"

（一）让不让毕业生回校

20 世纪 90 年代，中央电视台春节晚会上的一首《常回家看看》红遍大江南北。歌曲用朴实的话语表达了人间最真实的情感，激起人们强烈的情感共鸣，唱起人们心坎里那回家的愿望。

学校，便是学生们心中永远的"家"。不管毕业后他们走得多远，走得多累，也总会想家、盼家、回家。在侨联中学，每年的教师节、高考和高二水平测试前后，总会有一批又一批已毕业的学生络绎不绝地回校，看看校园，找找老师，聊聊心事……初中三年的学习和生活，使他们对老师，对同学，对教室，对操场，对学校的一草一木、一花一叶，都有太多深刻的回忆，或甜蜜或羞涩，或成功或沮丧……"回家"，便成为他们最快乐的事情。

可是，每逢此时，学校行政会议上总会有绕不开的话题："到底要不要、能不能让侨联中学的毕业生回来呢？"有些行政人员出于对学校安全管理的担心，提出不能让毕业生进校，认为毕业生回来肯定会影响学校的秩序，会给学校带来管理上的安全隐患……

对于这种困惑，我肯定了我们的行政团队能够把安全工作挂在心上，落在实处，大家对问题的意识与警惕性非常高。但是，作为校长，我不能拒绝毕业生回校，而应该考虑找出解决问题的最佳方案。

学校的安全工作是重中之重。作为学校的校长，我是学校安全管理的第一责任人，我有责任也有义务维护校园的正常秩序。但是，单单因为这个，就不能让学生们"回家"，就剥夺了他们回来探望老师的机会？显然，一味地拒绝，并不是最好的解决方法。既然学校是学生们的"家"，我们就一定要让学生们"回家"，让他们能随时"回家"，让他们感受到"家"的温暖。

为了解决诸多问题，我提出了如下几个要求。

第一，做好进校登记。从学校管理的角度来讲，只要是外来人员进校，都要在学校门卫室做好登记，这种做法需要坚持，不能有特例。就算是我们往届的毕业生，也需要做好入校登记手续。

第二，要有"对口接待"的老师。学生们回来，就是想探望曾经教他们、跟他们一起成长的老师，所以他们回来肯定是有目的的，想找某一位或某几位老师，只要学生们能找到"对口接待"的老师，而且这些老师有空到门口来接待他们，他们就可以进入校园。

第三，增设相聚场地。学校有正常的教学秩序，不能因太多外来人员受到干扰。所以，我要求老师们在接待"回家"的学生们时，尽量不要进入教学楼，不要影响各年级的教学秩序；也尽量不要进入教师办公室，以免影响其他老师的工作。学校开放会议室、电教室等公用场所，让学生们在固定的场所内跟老师相聚畅谈，尽量减少对学校管理的影响。另外，在校园环境改造和校园文化建设的时候，我还特意在校园前门广场、杏枝亭等地增设多套休闲桌椅，这些区域与教学区相对分开，周边环境优美，更适合久别相逢的师生边看看校园的变化边聊聊近况。

(二)常"回家"看看

每年的 7 月 7 日是九年级学生参加毕业典礼的日子。学生们带着对母校无限的爱与不舍，带着对未来的憧憬即将奔赴新的学校。有一年典礼过后，九年级(3)班的几位同学特意跑到我的办公室，他们让我在他们的优秀学生毕业礼品上签名、留言。看着这些可爱的学生，我不禁激动地说："孩子们，你们都是最棒的！我为你们感到骄傲。高中阶段，大家继续努力，继续加油！侨联中学永远是你们的'家'，记得常'回家'看看！"

2013 年 6 月底，高考放榜啦！一条条飞速而来的高考信息刺激了侨中人的眼球，侨中人久久无法平息内心的兴奋与激动！

这一年，就读于广东实验中学的黄少麟同学，高考成绩位于全省前 10 名。他与就读于广东仲元中学的李妍菁、黎立丰同学同时被清华大学录取。我们侨中学子再次用骄人的成绩证明了学校在培养学生全面发展方面的超强能力，印证了我校秉承的办学理念对学生综合能力的培养起到了关键作用。这已经成为番禺区内高中学校对我校的一贯评价，更成为侨联中学教育发展的一个追求。图 3-2 为黄少麟等同学看望母校老师。

2013 年 7 月，午后的阳光直射着大地，酷热的校园里挤满了七年级、八年级的同学，他们正用最热切的期望、最羡慕的眼光、最急切的心情，等待着师兄师姐们"回家"传授经验。

图 3-2 黄少麟等同学看望母校老师

电教室内座无虚席，即将升读八年级、九年级的同学最想知道师兄师姐有什么学习心得和学习方法，怎么样才能在考试中取得高分，有什么学习的秘诀？……带着同学们的所想所惑，我们一起来看看他们是怎样回答的。

少麟：再次回到母校，看到亲爱的老师们，我倍感温暖和亲切。初中三年的学习与生活仍记忆犹新、历历在目。学业虽繁重，但我收获颇丰。我们要着重于学习的方法。例如，上课要认真听老师的课，课后主动预习新课，而且不能只做完作业就算了，还要注意检查。学习没有捷径，只能脚踏实地。我记忆最深的是参加各级各类的学科竞赛，每周三天的数学、物理、化学的竞赛训练，强度大难度更大，只有坚持才能收获，才能取得优异的成绩。正因为当时的学科竞赛训练，我在理科上打下了非常扎实的基础，到高中学习时，便能得心应手。而且我一直坚持着对拓展题的研究，拓宽我的解题思路，对于理科来讲，解题思路非常重要，所以我觉得适当地加强解题训练，适当地提高题目的难度，对于中考、对于高考来讲，都是一件好事。

李昊：学习要着重于找到适合自己的有效方法，这样才能高效率地完成初中的任务。刚才少麟讲到了理科，其实体育也是一门主科，若要挑战大考，这一科绝对不能落下，必须有超强的毅力才能克服这个难关，持之以恒必能铁杵磨成针。另外，良好的习惯与方法将影响你的一生。

立丰：大家要积极听取老师的意见，老师都曾是学生，都有许多学习的经历，汲取了许多知识。所以，老师的意见是必不可少的。当然，大家一定要下苦功钻研薄弱的科目，只有查漏补缺，才能在最后取得好成绩。到了高中，就更讲究方法：理解＋反思。在上课的时候，老师不会像初中老师一样再在一个知识点上详细地讲解，多是老师直接写板书，然后学生做笔记。有一句话是这么说的："师父领进门，修行靠个人。"是的，你没听错，这些复杂难懂的东西老师基本不会再讲——你需要自己领悟。同时还务必记得要下苦功，每次失利都要学会反思，争取下次不再犯。

妍菁：初中三年的美好时光，大家要好好珍惜。时光如梭，蓦然回首，我们便发觉三年时光匆匆而去。利用好暑期的时间，必能战胜大考。各位同学还要做到劳逸结合，合理安排时间，才能事半功倍。我们不能总是学习，也不能总是玩。总是学习，会对学习有厌恶感；而总是玩……结果我们都明白。大家还要定下目标，让自己有动力学起来也是不错的选择。高一下学期的时候，就会分文理科。所以我们务必要摸清自己的爱好，选择最适合自己的。此外，也别忘了自律，高中老师对你的管束不再是以前这么"事无巨细"，很多时候都是看你的自律能力，若无自律，距警戒线外，只有一步之遥。最后，不要熬夜。作业并不是问题，把课下、晚自习、放学后的零碎时间利用起来。这些时间都能利用起来的话，即使作业还不能全数完成，回到家里也不要熬夜，折磨自己的身体，破坏次日的学习进程和效率。

　　嘉敏：初中是我们打好基础的关键，若想建起高楼大厦，一定要做好这关键性的一步。高中最重要的是自律，要养成良好的习惯，并摸清自己的兴趣爱好。

　　子毅：各位同学要对自己有信心，相信自己，并随时保持乐观积极的心态。大家所学到的物理知识，虽然有点难，但是只要跟随老师的步伐，认真完成任务，物理成绩肯定不会差。不会的题可以小组内互相讨论，这样能发挥小组的优势。九年级的学习强度会更大，一边学新知识，一边还要复习。所以最重要的事情就是听好每一节课，不要打瞌睡——这样晚上你才能快速完成作业，早睡，继而保证第二天不打瞌睡——这是一个循环。但是在快速完成作业的同时，记得要认真。作业是来查漏补缺的，只有认真完成才会知道自己到底哪里不过关。

　　"成功非偶然。"学生们之所以能取得优异的成绩，或许是有着过人的天赋，或许是靠着后天的勤奋努力，不管是哪一种，都需要学校这片土壤，让他们发芽、开花、结果。作为管理者，我们要培育好这片净土，我们要培育好这些株苗。教育学者张文质说过："教育是慢的艺术。"①

　　教育不是立竿见影的工作。我们要以"慢"的心态来对待教育，陪着学生们慢慢地欣赏成长的快乐，静静地等候着孩子们的成长，总有一天会收获意想不到的教育果实……

第二节　登山，是和同事生活的幸福相约

　　校长的成长是不断攀登的历练，教师的成长亦如此。在教师成长的道路上，校长既是引路人，又是陪伴者，要为教师的成长指引方向，提

---

　　①　张文质：《教育是慢的艺术——张文质教育讲演录》，107页，上海，华东师范大学出版社，2008。

供强有力的支撑。马斯洛需要层次理论把人的需要划分为五个层次：生理的需要、安全的需要、社会的需要（归属和爱的需要）、尊重的需要、自我实现的需要。[①] 了解教师的需要是对教师进行有效激励的一个重要前提。校长要采取不同激励措施调动教师的积极性，如通过改善劳动条件和给予其更多的业余时间，满足其基本生理需要；通过提供同事间社交往来的机会，支持与赞许教师寻找并建立和谐、温馨的人际关系，开展有组织的体育比赛和集体聚会等，满足教师社会的需要；通过公开奖励和表扬教师的工作态度、能力或成绩等，满足教师被尊重的需要；通过给有不同特长的教师安排不同的工作，在设计工作和执行计划时为下级留有余地，满足教师自我实现的需要。

一、让教师人尽其才

轻轻合上《史记》，我掩卷沉思。"人尽其才"这四个字在我脑海中久久回旋，如何更好地激励教师，让人才得到充分利用，促进学校的发展？

《高祖本纪》中有这样一段："高祖曰：'公知其一，未知其二。夫运筹策帷帐之中，决胜于千里之外，吾不如子房。镇国家，抚百姓，给馈饷，不绝粮道，吾不如萧何。连百万之军，战必胜，攻必取，吾不如韩信。此三者，皆人杰也，吾能用之，此吾所以取天下也。项羽有一范增而不能用，此其所以为我擒也。'群臣说服。"汉高祖刘邦的用人之才确实高，他有容人之量，并且能很好地调动身边有才之人，各尽其位，各司其职，从而得天下。

那么，我该如何在学校的管理中做到这一点呢？

我仔细地分析了侨联中学教师的具体情况，中青年教师不少，但教师平均年龄相对偏大。个别教师多年来形成一种固有的思维定式，面对时代发展、生源变化，教学方式未能与时俱进，仍然采用传统"一言堂"

---

① ［美］马斯洛：《动机与人格》，许金声、程朝翔译，40～53页，北京，华夏出版社，1987。

的教学方式，与现行的新课程标准、研学后教理念存在相当大的距离；部分青年教师的教学能力尚显不足，后继乏力，人才出现断层，影响了学校发展的后劲；个别中老年教师进取心退减，出现对工作倦怠的现象；教师整体发展意识有待提高，教师的创造激情有待充分点燃。那么，如何点燃，从何点起？我辗转反侧，夜不能寐，再三思量，决定从特色做起，从个别有积极性的教师入手，要找侨联中学的"子房"与"萧何"。

2012年，经过不懈努力，通过重重的申请和审核，侨联中学终于取得向全区招收美术特长生的资格。对于地理位置和生源都没有优势的侨联中学来说，这无疑是一次难得的机会，我们终于有机会更好地打造自己的特色品牌了。

美术特长班这一品牌的打造，无疑需要一批精良的人才。我调动美术学科的教师，让经常在大赛中获奖、国画在番禺教师中颇有影响的农文光老师总负责美术特长班的学生培养工作。农老师从前只是美术老师，上上课就好了，大家也觉得美术学科不重要。突然得到重视，还能与黄树文、叶泉、戴志文等书画名家一起进行交流和创作，他的工作热情一下子就被调动起来了。在他的努力下，其他美术教师也被带动起来了，他们把各种美术活动和展览搞得有声有色，侨联中学的名声一下子就响亮起来了。图3-3为我在美术特长生毕业展上讲话。

在美术特长班的打造上，我们不仅要让这个班学生的特长得到发展，而且要让其成为侨联中学的品牌。在配套教师上，我选用了年轻有活力、有冲劲的郭栩坚、郑丽娜、王珺等教师作为班主任，她们就是我校的"子房"与"萧何"。这几位教师不但教学能力强，而且带班的能力也是有目共睹的，把她们放在特长班上，再合适不过了。她们都不马虎，立刻就起到了引领的作用，把其他学科教师的工作积极性也带动起来了。于是，美术特长班就这样很快地成长起来。这些特长班的学生，不但美术特长得到发展，而且其他学科的学习成绩也遥遥领先。美术特长

图3-3　我在美术特长生毕业展上讲话

班的学生连续多年中考总平均分高出广州市一百多分。品牌效应一下子起来了，来报考我们学校美术特长班的学生与日俱增。

《论语·宪问》说："子言卫灵公之无道也。康子曰：'夫如是，奚而不丧？'孔子曰：'仲叔圉治宾客，祝鮀治宗庙，王孙贾治军旅，夫如是，奚其丧？'"这里说到卫灵公有仲叔圉接待宾客，祝鮀管理宗庙祭祀，王孙贾统帅军队，所以卫国不会败。从这里可以看出，正是因为合理安排人才，才使得一个国家得以继续发展。

学校如能做到"人尽其才"，教师幸福感才会得到提升，学校的发展也就不用发愁了。

二、改革，是挑战也是机遇

"绩效工资分配实施方案同意93票，弃权1票，反对0票，方案通过。"随着计票员宣布计票结果，会议室响起了热烈的掌声。

是啊，几经来回，绩效工资分配实施方案终于在第二次投票时以大多数赞成的结果顺利通过。

两个月前，岗位工资设置方案也是第二次投票才获得通过。

岗位设置及绩效工资是事业单位绩效改革的大事，关系到每一位教师的切身利益。全体同事都热切关注，作为校长的我自然很焦虑。

同事关注，是希望学校通过的方案对自己有利，能体现个人的工作价值；是希望绩效的岗位津贴等的设置对自己有利，这样每个月的收入就多一些。每个人都有这种希望，这是一种正常的心理需求。

校长焦虑，是因为改革必然会触动一些人的利益，关系着同事未来几年的收入。要取一个大家都能接受的平衡点，这一点不容易，而且时间比较紧迫。

2010年暑假开学后，岗位设置及绩效工资两项改革全面推进，从上到下多次开会宣传解读。学校按上级要求传达、学习相关通知精神，推选领导小组，分组听取意见，然后草拟方案。整个过程大概持续了两周时间，在9月中旬，岗位工资设置方案在全体教职员工大会上就通过了。

当我和行政领导松一口气，以为可以轻松准备下一个绩效工资实施方案时，意想不到的意见开始冒出来，个别教师甚至直接反映到上级部门。

有的说："别的学校教师工龄分是每年0.8分，我们才0.5分，我们工龄长的就吃亏了。"

有的说："某学校教龄分与工龄分一样多，我们才0.3分。"

当时各学校都或多或少出现一些不同的意见，于是上级主管部门结合人社部门意见，要求各校再次广泛征求意见，以更合理、更完善的方案更新上交。所以才有了10月底第二次表决方案的事情。

绩效工资分配实施方案也出现了类似问题。

记得11月底的某天晚上，近10点了，教育局局长给我打来电话："常青，没睡吧？绩效方案开展得怎么样？"

我说："冯局长，您好，还没睡。方案还在第二次讨论及征求意见中。"

他又说:"现有一位教师投诉学校方案不合理,工龄、教龄分很低,职务分很高,没考虑到老同志曾经也付出很多。他们现在年纪大了,不可能与年轻人比,教学成绩和获奖得分会比较低,希望重新修改方案,照顾年长的教师……"

第二天上午,我马上召开了实施方案领导小组会议,汇报了冯局长谈到的情况,再次布置要更全面、更详细地分小组征求意见。由原来分年级、分学科组及分德育、教学、后勤等部门开会讨论方案,收集意见,到增加老、中、青三个年龄段教师会,听取他们的意见。

后来在 11 月底和 12 月初,教育局分两次到学校调研,指导绩效改革工作,提出既要全面充分听取教师意见,又要合理统筹考虑全局,以大多数满意为主,个别还有个人意见的,领导要亲自找他谈话,说明道理,提出原则和纪律要求。

经过反复征求修改意见,以及领导组不断与教师沟通、座谈,实施方案终于在 12 月底以高票通过。

这次岗位设置和绩效工资改革持续了近半年的时间,历经考验,总算在同事的理解和支持下完成。我想改革是机遇与挑战并存的。机遇,是因为学校可通过改革调动教师的积极性,促进教育教学质量的提升;挑战,是因为改革肯定会触动一些人的利益,要找到大家都满意的方案的确困难不少。

现在回想起来,侨联中学的同事们在关键时刻有大局意识,有集体观念,能理解、包容、支持学校的工作,最终以学校的发展利益为重,我发自内心地感谢他们。

当初方案通过后还有不少意见,我认为:一是时间太紧迫,一些年长的教师理解方案不全面,反映意见还不够充分;二是部分教师拿学校之间的方案做对比,产生新的群体意见。

后来方案得到绝大多数教师的支持,我认为:一是教师之间沟通更多,方案征求意见更广泛;二是整个阶段时间充裕,方案修改得更完善；三是各校间的工龄、教龄配分、设置较为统一，不会出现很大差别；四是在计分上倾斜照顾了年长教师，得到了他们的理解、支持；五是在关键时刻学校讲原则，强调干部职工要讲纪律，反映意见要合情、合理、合规。

绩效工资改革最后由挑战转为机遇，它给了学校领导与教职工以及教职工之间更多沟通的平台和机会，教职工的需求得到了尊重，从而加强了教师团队的凝聚力，有利于学校的发展。马斯洛需要层次理论讲到尊重的需要是继生理、安全、社交需要后的第四层次需要，校长要尊重教职员工和学生的需要，服务于他们，让他们在幸福中成长。

三、幸福午饭

2004 年的一天，教师们白天讨论的话，拉开了我夜的思考序幕。

那时候，我刚负责大石二中全面工作，了解到 40 多位同事的共同愿望：希望学校领导解决教师中午就餐问题。因为一到中午，他们就要花上较长时间往校外跑，各自在小吃店里匆匆忙忙解决午饭，然后又赶回学校准备下午的工作。因而，能够悠闲地吃上一顿午饭，便成为大家共同的愿望。我想，衣、食、住、行里头，"食"无疑是根本。如果解决不了，教师们怎能够安心、舒心工作呢？更谈不上什么幸福感了。暂时没有条件建立食堂，那么，能否利用已有的条件呢？思来想去，我有了计划，打算由小卖部老板承包我校 40 多位教师的午饭项目。

经过一番协商，小卖部老板同意合作了。这个消息在教师会上一经公布，立即引起强烈反响。"我同意。""终于有顿好饭吃了！""这主意不错。"……一时间，大家的心都变得热乎起来。

时间流逝，新的问题又出现了，有教师开始抱怨午饭的品质了。我理解，这种抱怨其实是提高生活质量的要求，是对幸福感的追求。但一时之间，建设一个食堂的条件的确不具备。我在努力争取中，但是我不可能把努力的过程一一向教师们详细交代啊。我清晰地记得，那天中午，陈老师敲响了我办公室的门，带着尴尬的笑意，他说："校长，能进来吗？"我热情地请他进来坐下。面对面谈话，他有点不自在，支支吾吾，似乎不好意思或者是不知从何说起。为了打消他的顾虑，更好地交流沟通，我说："老陈，有什么话就直接说吧。是不是午饭的事?"话音刚落，我俩不约而同地笑起来，气氛变得轻松一些，主题随之出来。

"校长，你帮我们解决午饭问题，谢谢你啊!"

"哦，这是我应该做的，没什么好感谢的。"顿了顿，我问道："现在怎样啊，还好吗? 有什么我可以帮上忙的?"

"还好，还好，中午不用跑到外边找吃的。只不过，一周只有几个菜式，周周一样，分量不多，而且营养不足。想选好的，又没得选。跟老板提过意见，没用。他总说自己忙，说自己也有难处。"

"嗯嗯，明白。我上周也了解过，这种午饭质量确实不高。其实，我也在想办法解决。"

"我们希望有自己的食堂。"

"明白! 我也希望，但是目前还不能在短时间内满足大家的要求。"

"哦……好的，希望校长能够帮我们建个食堂。打扰你了，不好意思!"陈老师说道。

"不会打扰，大家先将就将就吧。你们有意见直接提出，没有什么不好的。有交流沟通，才能更好地解决问题。"我笑着回应，"关于午饭的事情，大家心里的感受我能理解。我也在想办法解决这件事情，给我一点时间，我跟上级反映，也许迟一点就能够得到解决。"看着陈老师的不自在，我又补充一句："我还是那一句，我这个人没什么，跟你们一样，就是一个人而已。我跟你们的感受一样。你提出这问题，我要谢谢你。以后有什么话，直接找我聊。"陈老师笑着，点着头，走出办公室。阳光洒在他的身上，而我要解决此事的决心随着这阳光更加坚定。如果他们不相信我，怎会让陈老师来跟我说这件事呢? 他们以信待我，我更要以诚待他们。这是 40 多位同事的希望啊!

精诚所至，拨云见日，不负有心，终有收获。目睹食堂的建起，全校教师就如迎来了寒冬后的春天一样，难掩喜悦。一切喜人的变化，就从这个食堂开始。在崭新的食堂里，教师们自己动手做饭，每天安排好值班厨师，安排好菜品，一起动手。有一次，我到食堂去了解情况，听到他们愉快地谈天说地，很是开心。于是，我打趣到："咦，做九大簋啊？"他们绽放笑容，说自己动手，丰衣足食。还有一次，他们在吃饭过程中，聊起了教学问题和班级管理问题。以前和大家交流比较少的教师也开始融进这个大集体里。于是，我情不自禁地跟他们聊了起来。教师们的工作也很忙，后来我为他们请了一个师傅，专门负责买菜做饭，节省了教师们的做饭时间。陈老师还提议给食堂起一个名字，叫作幸福食堂。张老师也大笑说："干脆叫作开心食堂更贴切。"虽然，最后并没有给食堂起名，可是大家心里头的幸福感却不言而喻。又有一次，我与同事们共进午饭。李老师问我："校长，这饭是否特别香？""嗯嗯，特别好吃。我们的大厨厉害啊！"说罢，又是一阵笑声响起。是的，一路走来，能够吃上这样的一顿饭，真不容易。

从此，欢笑声犹如一缕一缕青烟，从这里升起，穿过窗户，萦绕在食堂内外，飘荡到教学楼的走廊上。这些笑声从每个人的心里出发，像有着强大磁力，把我们团结在一起，风雨同舟，荣辱与共。幸福，就从这午饭开始……

四、给幸福感加点营养

"老师，不就是备备课、上几节课、批改学生作业吗，有什么辛苦的。"这是很多外行人对我们职业的评价。如果不是跟岗工作，亲身体会从早到晚的真实生活，就难以体会苦从何而来。教师，早出晚归，勤勤恳恳，可以说大多数教师是两点一线的生活轨迹。生活的磨炼常常可以在一个人脸上毫无掩饰地展现出来，我从教师们的面容上读出了很多。我发现，部分同事缺乏笑容，缺乏一种愉悦的笑容，一种来自内心的笑容。我深深体会到，我校的教师需要提升幸福感。

那么，幸福感到底在哪里？是什么夺走了他们的幸福感？是工作还是生活呢？我该如何提升教师们的幸福感？……一连串的问题，在我的脑海里打转。我决定每周都借着值日的机会，到年级办公室，随机跟教师们聊聊，谈谈工作，拉拉家常。有时候，我会听到"一天到晚上课、备课，累啊"这样的话；也会听到"生活没啥意思""干太阳下最光辉的事业，可跟幸福无缘"之类的话；还会听到"我来了几年还没认识全校老师，哪天在楼梯里碰上了点点头，说不出对方的名字来""听说她父母身体不适，弟弟外出工作，家里重担落在她身上"……句句入耳处，便是我的思考之处。这些并不是小事情、小问题。教师的幸福感缺失，学校就没有活力，更谈不上持续发展。

我开始更多地观察与分析，结合在行政会上的了解，我终于有了结论。部分教师幸福感偏低，一个重要原因是对学校没有归属感，加上繁重的教育教学任务给家庭带来一定的影响，一种不被理解的孤独就这样日积月累着，不断削弱对幸福追求的敏感度。而且同事之间交流不多，就算有活动，也大多以小团体为单位，很少像"大家庭"一样相处。原本幸福的土地因为没有营养而失去了生机，与幸福的距离越拉越大。如何提升教师的幸福感，成为我工作的一个重点。

根据生活和工作的经验，打破僵局必须有一些互动交流型的活动，还得需要一系列活动渐进式地改善这种状况。学校工会一定要发挥积极作用。于是，我召开行政会，争取团队的理解和支持，并且跟工会商议：以互动交流型的活动提升教师的幸福感是否可行，分在职与退休两条路线开展好不好，何时开展活动，在哪里开展，工作人员如何安排等。何主任、韩主任、邓委员、小简等都积极提出自己的看法和建议。会上热烈的气氛，让我知道，自己工作上的幸福感一定与团队的理解和支持密切相关，我要把这种幸福感传递出去。

2009 年的秋天，我和同事们写下侨联中学教师团队发展的新篇章，全面开展的提升教师幸福感的系列活动由此开始。

第一，退休多年的黄庆钊校长任组长，由黄校长组织退休教师到酒楼享受"早茶里的幸福时光"活动。一个月一次，这个活动既为他们创设了联谊机会，也为他们建立了一个具有凝聚力的团队，更方便某些工作的顺利开展。在职教师知道此事后，都表示肯定与赞扬。

第二，与上一活动并列开展，我们组织教师们到大夫山野炊，举办登山比赛活动。在职教师的凝聚力就从年级团队比赛开始。在年级级长的带动下，几个开朗的教师你唱我和，带动着气氛。团队的凝聚力一点一点积攒，同事们之间的关系一点一点地改变着。

"彭级长，我们派阿湘压后，年轻人力气足，肯定快。"

"啊？你们派阿湘，我们级有体育老师压后，肯定比你们快。"

"你们都错了，我们级里老师平均身高比你们的高，我们的腿长。到时候赢了你们，不好意思啊！"

接着有教师还说什么招数可以获胜，等等。三个年级的教师聊得热火朝天，一时激发了许多话题。你看，大家欢天喜地，还发表你超我赶的策略，增进了彼此之间的友谊。说笑声、鸟鸣声、微风声，混合在一起，就像荷塘上荡漾开来的涟漪一般，悄悄地改变着我们。这些活动成为大家美好的回忆。

第三，两个月后，我们开展篮球、羽毛球比赛等愉悦身心的活动。年轻的教师们，英姿勃发，挑战自我。大家因为爱好走到一起，更加团结。最难忘的是教师趣味运动会，趣味运动会让年龄偏大的教师也有可参与的团队比赛。动作如何，或许不值一提，然而留在大家脑海里的全是欢乐的场景，林老师笑得前俯后仰，爽朗的笑声在篮球场上回荡。孔老师也说："乐坏我了，怎么这么好玩？我比阿贞还多进两球。想不到玩一下，会这么开心！"看的，玩的，当裁判的，没有一个不是开怀大笑的，一时之间收不住这种开怀大笑，就"放肆"一下吧。

有了这个经验，后来我们还组织"家庭同乐日"活动，让教师带上伴侣，领着孩子，参加互动游戏，共同进餐。在席上，同事之间多了话题、多了沟通，还多了几分包容。每个季度学校工会为教师举办生日派对，一起放松身心，凝聚同事感情，提升工作幸福感。再后来，经过沟通交流，教代会、监督委员会发挥积极作用，发放小福利。教师们个个春风满面，笑盈盈地抱着福利品。那种喜悦，只有经历过的人才容易理解。

"不积跬步，无以至千里。"我们一步一个脚印，终于成长为幸福的强大团队。幸福是什么，一百个人有一百个答案，但是我肯定，幸福也需要营养，这是我们一路走来的经历和事实告诉我的。我已珍藏！

第三节　登山，是对学校发展的不懈追寻

弗雷德里克·泰勒认为："科学管理就是预先制定工作任务计划，并使之落实"[①]。管理是组织中的管理者通过实施计划、组织、领导、控制等职能来协调包括人在内的各种资源，从而高效地实现既定目标的活动过程。[②] 管理的目标就是发展。校长的管理就是促进学校不断发展，促进师生健康成长。让学校向着更加卓越的方向前行，这是我一直的追求。

一、知人善任妙处多

大石二中作为一所只有 600 多名学生的农村中学，在短短几年内拼出一条以特色促发展的办学之路，并以环境科技特色在番禺区乃至广州市立有一席之地。这一成功的要诀，与知人善任密不可分。

2004 年，我以副校长身份全面主持学校工作，管理当时还处于薄弱学校阶段的大石二中，压力确实不小。很多学生不想来，已经来了的都想方设法要转走。留下的学生，他们的家长对学校和教师缺乏信心，缺少认同感。属地四个村的村干部给了我指令，学校成绩必须有提高。上级主管部门要求学校中考成绩不能总排后几名，要有进步。在这种状况下，我既焦急又彷徨。但从小到大的艰辛历练及坚强的毅力使我坚定了信念——我行，我一定能行！

我主动出击，找负责四村教育的学校董事会陈董事长，找镇上分管教育的莫委员，向他们分析当前学校的困境以及我对学校未来的设想，

---

① ［美］弗雷德里克·泰勒：《科学管理原理》，黄榛译，20 页，北京，北京理工大学出版社，2012。

② 贾名清、方琳：《管理学》，2 页，南京，东南大学出版社，2012。

争取让他们在人事上给予大力支持。我认为要想在短时间内彻底改变大石二中的面貌，就必须从"人"入手进行改革，人是关键因素，盘活了人其他都好办，然后从管理、制度、环境、课堂、活动等方面再进一步去改革。幸运的是，我的游说成功了。

众所周知，刘备能成一方霸主，与曹操、孙权形成三足鼎立的局面，与他知人善任、尊重人才密不可分。刘备在选人上不在多，而在精，他能礼贤下士，三顾茅庐拜请诸葛亮出山；他还能不拘一格降人才，委以老将黄忠重任。在用人上，他因事设岗，充分授权。例如，诸葛亮出山后，刘备把军中大事都交给他打理，很少干预，从而使诸葛亮有机会淋漓尽致地发挥才能。又如，关羽、张飞、赵云、黄忠、马超及诸葛亮都是个性极其鲜明之人，刘备能取人之长，注重平衡，岗位设置互不交叉，权责明晰，形成强有力的战斗团队。在留人上，他能用感情留人，三顾茅庐、白帝托孤使诸葛亮鞠躬尽瘁，死而后已。他能用事业留人，如拜诸葛亮出任丞相兼三军统帅，使其集大权于一身，有一个充分展示自己的舞台。他通过封侯，使五虎上将分管五大区域，各自有了事业上的定位。他能用制度留人，他虽善用感情，爱兵如子，但同样重视制度，军纪严明。结义兄弟张飞犯错，他也不姑息，能做到一视同仁，奖惩分明，使大家心服口服，增强了凝聚力。他能用薪酬留人，如在益州平定后，重奖诸葛亮、法正、关羽和张飞等人。

坚持知人善用、举贤为才的原则。一方面，我改革行政班子，根据平时观察和教师的意见，补充提拔了几位年轻、有能力的行政人员，并根据他们的强项把他们分到不同岗位上。教学能力强的为教导主任，管理学生有方的为政教处主任，组织协调能力好的为办公室主任，公关服务意识佳的为总务主任。另一方面，在环境科技教育特色发展上，我把喜欢搞制作的物理学科李老师设为科技创新小制作辅导员，把乐于搞理论研究、写作能力强的思想品德学科黄老师设为科技小论文辅导员，把美术水平高又年轻的王老师设为科幻绘画辅导员，把综合能力强的团书记设为科技实践及小论文辅导员。教导处负责统筹、落实，学校在经费上大力支持。此外，我借用社会资源，把乐于奉献、情系学校的大学退休教授黄教授和董教授等聘为环境科技教育特色顾问。

经过几年的努力，学校面貌焕然一新，教育教学登上一个新台阶，学校连续多年荣获番禺区初中毕业班工作二等奖，还被评为广东省知识产权试点学校、广东省绿色学校等，并成功举办番禺区科技教育现场会。几位科技辅导员得到锻炼，有的成为负责番禺区青少年科技创新工作的组长或骨干成员，有的成为学校教导副主任或年级级长。行政工作得到认可，当初一起搭档的副校长很快被提拔为正校长，教导主任被提拔为副校长，而科技创新骨干黄老师很快成为番禺区青少年科技创新工作的负责人，被组织委任为一所完中的副校长。图3-4为我在科技现场会上接受采访。

图 3-4　我在科技现场会上接受采访

二、给学校定好位

"以特色促发展"，走进大石二中，映入眼帘的就是这几个大字。这几个字写在校园的显眼位置，人们一看到这几个字就感受到学校的办学理念。

是的，记得 2004 年国庆节期间，我在学校值班，站在办公室向窗外看，一片片芳草绿树。我不禁沉思，这样一所农村薄弱学校应该向哪发展呢？师生对我的期望，家长的嘱托，领导的关怀，言犹在耳，学校肯定不能换新鞋走旧路。我苦思冥想，一时竟毫无头绪。要想一下子把教育教学成绩提上来确实困难重重。突然间，我想起几年前进修教育管理本科专业时，看过"做正确的事与正确地做事"这样一个案例。对，校长就是要做正确的事。看着整个校园绿油油的草地和正在茁壮成长的绿树，想到学校又处在这个四面环水、景色优美的南浦岛上，我内心一阵激动，喜上眉梢。有了，就从环境教育入手。我决定以环境教育为抓手，结合科技，打造环境科技教育特色，提升学校知名度，振奋师生信心，从而促进教育教学的全面发展。

经过全校师生多年的共同努力，环境科技教育已形成特色，并取得了一定成绩，在市、区都有了一定的影响。我认为主要原因有四点。一是将环保、科技理念融入学校环境建设，并进行大力改造提升。例如，教学楼的楼顶非常热，而且面积很大，我们进行了绿棚改造，种植耐热、易生植物，采用滴灌的方法浇水。我们还改造下水管收集天台上的雨水，将其导进雨水池，沉积过滤后，用其浇灌花草树木。这样一来，教学楼顶层的教室不再那么热了，师生又多了一个学习生活的空间，而且师生可通过这个平台开展一系列环境科技方面的研究、实践活动。二是教育主管部门等给予了大力支持和帮扶，包括政策、资金、资源等方面。三是大批师生经过研究实践，对环境科技有了更高的认识，并具备了一定的专业知识和能力。四是得到越来越多社会资源的认可和支持，有大学教授、社区、专业机构等，形成了良性循环。

2006 年，我在大石二中制定学校三年发展规划时，就把"以特色促发展"这个理念定位写进规划，并展示在校园的显眼位置，向全校师生、家长、社会宣传与阐释，让这一理念深入人心，指导和带动学校的全面发展。现在回想起来，当时提出的这个定位是正确的。

彼得·F. 杜拉克在《有效的管理者》一书中简明扼要地指出："效率

是'以正确的方式做事',而效能则是'做正确的事'"。效率和效能不应偏废,但这并不意味着效率和效能具有同样的重要性。我们当然希望同时提高效率和效能,但在效率与效能无法兼得时,我们首先应着眼于效能,然后再设法提高效率。[1]

校长更多的是把握效能,要做正确的事。决策对了,方向、目标把握准了,学校就会有更大的发展,而且有更健康的发展。

2010年,番禺区大力开展岭南校园文化建设,我有幸参加了在东莞举办的番禺区教育行政干部培训学习班。聆听了多位专家、领导对番禺区"上品教化,首善番禺"教育发展计划及《岭南校园文化建设行动纲要》的解读,我深感领导对番禺区教育的高瞻远瞩,通过岭南校园文化建设来统领番禺区教育在高原区的新发展,同时我也反思侨联中学在现阶段面对的问题:如何构建有特色的规范化优质学校。结合培训学习内容和对《岭南校园文化建设行动纲要》的思考,我初步构想了"侨联中学实施岭南校园文化建设初步方案",具体有历史背景、理念基础、实施内容三部分,提出了学校定位——特色引领,指出了发展方向——人文关怀、内涵发展、精品校园、特色侨中。人文关怀,即以人为本,一切从师生的健康和幸福出发,这也是我一直秉承的管理理念;内涵发展,即通过课堂、活动、制度、环境等文化建设不断创新,不断努力提升学校的教育教学质量;精品校园,即根据侨联中学面积不大、校园依山而上、蜿蜒曲折的特点,将其建设成一个精致、有岭南园林特色的校园;特色侨中,就是把侨联中学建设成番禺区乃至广州市有名气的特色学校。经过系统阐述,我的这篇文章有幸发表于国家级刊物上,文章最后一段就提到了创建一种岭南艺术文化氛围。

侨联中学位于岭南腹地番禺。番禺是著名的鱼米之乡,也是岭南文化、广东音乐的发源地之一。番禺曾涌现出一大批名人,有"人民音乐家"冼星海,开创岭南画派的画坛三杰高剑父、高奇峰、陈树人,诗书

---

[1] 钱林涌、万翔:《高效能企业的7个习惯》,6页,北京,新华出版社,2007。

画名家叶恭绰、赵少昂、李天马、麦华三、周千秋，地质学家何杰，教育家许崇清等。

番禺也是岭南艺术发源地之一。开展岭南校园文化建设正好传承和发扬番禺的悠久历史文化。当时侨联中学教育教学质量已走到一个高原区，要想在这高原区向上发展，必须找一条新路。根据分析，我认为唯有特色可以引领学校再上新台阶，而且我校美术教育工作有一定的基础和良好师资。无论从宏观到中观，还是再到微观，把艺术特别是美术作为侨联中学的特色发展之路再恰当不过了。经过努力，在上级领导的大力支持下，学校于2012年面向番禺全区招收第一届美术特长生，侨联中学从此阔步走上特色发展之路。

三、关键时刻有所为

学校的事务千头万绪。如何在纷繁的事务中，找好发展的准线，非常考验领导者的智慧，这就需要领导者在关键时刻有所作为。在关键时刻，校长要把握机遇，克服一切困难，做最好的自己，做最佳的决策。

（一）中考连创佳绩

"侨联中学近两年来在新一届领导班子的带领下，经过全体师生共同努力，教育教学质量稳步提升，贵校去年有三位同学位居番禺区中考并列第二名，今年中考总分又上一个新台阶，进入区前三名。在此我深表祝贺，希望学校在叶校长的带领下，再接再厉，再创佳绩！"

2011年7月初，在九年级毕业班工作总结会上，我读完区里的一位领导发给我的信息，全场响起了热烈掌声、欢呼声。成绩来之不易，这是九年级全体师生辛勤劳动的结晶，是全校师生共同努力的结果。

2009年，担任侨联中学校长后，我深知自己身上的担子更重了。之前的大石二中是一所农村学校，成绩平平，学校生存发展有压力，但在"以特色促发展"理念下，学校已走上了快速发展之路，教育教学质量及特色理念已得到社会认可。而现在的侨联中学是城区学校，教育教学质量已在区前列，在此形势下，要再上一个新台阶谈何容易。我想既然是校长，就需要去引领新学校发展，需要有担当、有作为，需要做正确的事。

于是，在2009学年上学期，调任到侨联中学不久，我组织学校团队，认真调研，细致分析，邀请专家研讨，规范、详细制定了学校的五年发展规划(2009—2014)。我们运用SWOT分析法[①]进行全面分析，制定出学校发展思路、发展目标、年度实施及主要措施等几大部分。随后五年在发展规划的引领下，学校朝着特色、品牌方向发展，中考连创佳绩。

(二)办学绩效评比

"校长，我们拿了办学绩效一等奖，还是第一名呢。"办公室余主任高兴地对我说，我听完后马上打开她刚转发给我的通知——《番禺区2012学年初中办学绩效评奖结果公示》，真的是一等奖、第一名，我内心也非常激动。这个奖来之不易，全区30多所公办初中要经过初评和现场评委的复评两轮评比，复评时校长还要现场展示，汇报一年来的主要工作、办学业绩和特色，然后再接受现场专家、评委打分，而且这个奖关系全校教师的绩效收入，所以各校都十分重视。

从7月初接到通知后，我就开始着手研究并布置此项工作。第一，行政班子共同研究，制订实施方案；第二，成立小组，由办公室组织统筹，办公室、教导处、政教处各自负责不同项目内容；第三，三个部门马上收集教师和学生的相关证书与资料；第四，办公室余主任、教导处张主任、政教处韩主任等利用暑假做好相关的60多个项目的评价小结及材料整理工作；第五，9月开学后，办公室收集并整理好评奖资料交校长审阅修改，再上传参评。初评分数一般在11月公布，进入前几名的学校在初评结果公布之日起三天内交现场展示课件和自评报告，最后

---

① SWOT分析法，又称态势分析法，包括优势(strength)、劣势(weakness)、机会(opportunity)和威胁(threats)。

由校长代表学校在全区校长和评审专家面前展示，专家、评委现场打分，加初评分，评出两所一等奖学校。

办学绩效评比对每位校长来说都压力非常大。因为关系到学校的荣誉和教师的利益，所以我决心尽最大努力去争取，认真完成每一个环节。能评上一等奖是学校及全校师生的光荣，也是上级的肯定。然而，做最好的准备，也要做最坏的打算。若今年没被评上，明年就必须更努力争取。

（三）抓住关键机遇

2014年5月的一天，时任番禺区教育局中小教科的戴科长给我来电："叶校长，你们学校'立品教育'特色课程做得很不错，教育局希望贵校参评特色学校，我们下周就要请专家来初评了，你能否尽快把材料交上来？现还有一个初评的名额，有没有信心？如果可以，我把相关要求发给你。"

"行，戴科长，谢谢您的肯定和关心，请将通知发给我。"我想都没想马上回答。因为这是展示我校"立品教育"特色品牌的好机会，而且如果能获得荣誉，对学校今后的发展将有很大的帮助，我毫不犹豫地接受了任务。

在收到相关要求后，我马上召集领导班子进行研讨，大家都有点忧虑，其他学校两三个月前就收到指导中心推荐的名额，早就开始准备材料了，在一周时间内收集、整理、上交这么多材料，通常是很难完成的，但正因如此，我觉得更要把此事做好，不能输给他人。领导班子最后还是统一了意见，决定全力以赴参评。

没有参考模板，没有多余时间，没有太多人手，我和办公室余主任、李级长等两三位同事利用晚上还有周末时间加班加点，写自评报告，填自评表格，找特色课程教材等。可喜的是，我校一直对"立品教育"扎扎实实做了大量工作，有充足的课程、活动、教材、照片、报道等材料，而且整个特色理念体系清晰，有红棉文化支撑，有围绕"三品"特色课程的目标、内容、评价及实施，有"三品"开展的系列化、课程化

95

活动，有精致的立品校园环境……

仅仅一周时间，我们竟然把别的学校要花两三个月时间准备的材料全部整理了出来，并如期上交。不久后便传来喜讯，我们学校申报的"立品教育"特色课程初评胜出，将送广州市复评。

2014年11月，广州市教育局公示的新一批广州市义务教育阶段特色学校名单中，侨联中学赫然上榜，成为番禺区第一批评上"广州市义务教育阶段特色学校"的两所初中学校之一（见图3-5）。

图3-5 "广州市义务教育阶段特色学校"荣誉证书

四、用人文关怀化管理为无形

泰勒在《科学管理原理》一书中说道："管理就是确切地知道你要别人干什么，并使他用最好的方法去干。"

2009 年，我被调到侨联中学担任校长。其时，我作为新校长到这所有着 20 多年历史的学校走马上任，对很多情况不了解。如何融入这个大家庭，是我思考的第一步。

有的人认为，管理要依靠制度，我认为这种观点没有错。但学校作为一个小社会，获得人心，得到支持，才能使管理理念得以顺畅推行。马斯洛需要层次理论提到尊重是人的高层次需要。规章制度只是辅助手段，校长有着更高的使命，那就是站在一定的高度上准确定位，科学管理，落实新举措，打开新局面，形成新特色。而所有的这些，都要借助"人"去实现，如果脱离了人心，所有的理念都会变成"空中楼阁"。

之后，在两次《市桥侨联中学五年发展规划》的制定过程中，我都把人文关怀作为治校的重要理念。

为了落实人文关怀理念，我抓住了三个关键词：信任、关心和引领。

（一）信任

2010 年，每两周一次的年级领导小组会议如期召开。年级级长汇报了近期的工作，并提出工作过程中遇到的一些困难以及需要得到的支持。我结合各处室的意见，对年级工作提出建议，并表示做年级的后盾，遇到问题共同商量，共同商讨年级的规划。年级工作就在这种直接而有效的模式中正常开展。

在我到侨联中学之前，该学校的管理框架是"校长—副校长—处室—年级—教师"。这种管理模式有个很大的弊端，就是年级工作的上传下达过程烦琐，工作的时效性不强。我到任后做的第一件事就是采取"扁平化"和"精细化"的管理制度，校长直接参与到年级管理当中，而且对年级放权，把管理的权力交给各个年级。级长是年级的领导者和参与者，他们比中层和学校的管理者更了解和熟悉年级管理当中各部分的特点和运作方法，懂得怎样用最恰当的方式、在最合适的时机把学校的规划变为现实。当我宣布这个决定的时候，级长是有疑惑的。因为他们习惯了按指令行事，认为管理应该是自上而下的。我对级长进行重新定位，把他们视作学校的"先锋"和"桥梁"。此外，我与级长反复讨论学校的发展理念，让作为执行者的他们领会精神，并使其根据规划把理念转化为行动。我把处室的权力下放给年级，支持级长的工作，尽力提供协助。在此过程中，我结合学校的发展理念，适时对他们的工作进行指引，不纠结于细节，重视方向把握，放手而不放纵。在信任的基础上，我认真做好服务和指引的工作。

这种管理模式实施之后，很快就产生了积极的效应。首先，每个年级有自己的管理风格和管理细则，级长真正成为年级的核心。他们制定属于本年级的年度教育教学措施，带领全体教师齐头并进。其次，年级与年级之间形成良性竞争的氛围，在对比和竞争中，全校不仅形成了一种积极向上的作风，而且学校的很多发展理念也在年级工作中得以落实。放手就是信任，信任级长，从一定意义上来说也是成就学校。

信任的另一个体现在于我对学校考勤制度的理解和做法。在很多单位采取打卡制度的今天，我们学校依旧采取"落后"的签到制度。一天，负责值日的行政人员忧心忡忡地跟我说："校长，今天又有几个老师8点多才到校，这样下去，会不会形成一种散漫的工作作风啊？"

面对同事的这种疑惑，我没有立即回答，而是让他去了解那几位教师迟到的原因及他们平时的工作表现。他后来通过了解得知，有人是因为送孩子上幼儿园或者小学，还有人是因为身体不适。根据侨联中学的教师传统，我判断迟到的现象是极少数且情有可原的，教师有实际困难，不能按时到校，我应该先了解情况，结合实际情况再调整。如果这时用考勤制度一刀切，不仅解决不了问题，而且可能会引发人心的浮动。从人文关怀的角度，结合教师的实际情况，我制定了新的考勤制度。新考勤制度包括上下班及时签到；送孩子上学的教师可以延迟15分钟到校，推迟15分钟下班；如家中有事或者身体不适需要就医的特殊情况，只要向直属的级长请假，就可以有半天的机动时间；其他情况的请假按照学校和上级的规定执行。

对于一所学校的管理来说，规章制度很重要，但要切合实际情况，否则执行起来就会有困难，有困难，制度也就失去了约束力。校长第一应该看重的是教师的教学实绩，一个有职业道德的教师绝不会因为学校要求打卡或不打卡而对工作有所懈怠，相反，没有太多条条框框束缚的宽松工作环境，却可以给他们信任感和自主空间。事实证明，新的考勤制度并没有滋生散漫的作风，反而有很多教师因为自身的实际情况得到学校的理解而对学校更有归属感，具体表现在教师的工作态度和工作实绩上。

新的考勤制度实施后，不计得失，利用课余时间辅导学生的教师越来越多。因此，我作为领导者，更确信不能用考勤这个关卡来"浇灭"他们的积极性。这个措施更使我坚信，理解、信任和引领是实现人文关怀理念的重要一步。

（二）关心

人与人的相处必须真诚，看到别人的闪光点，认同其价值，在别人需要帮助的时候给予关心和鼓励，是一个领导者始终要保持的一种信念。

2015 年暑假前，我正在办公室初步拟订新九年级的人员分工安排，这时，几个八年级的学生来到我的办公室。请他们坐下细说，我才知道他们估计学校将要拟订新九年级的教师人选，特地拿了带有全班 20 多个同学签名的申请书来找我面谈。他们希望教数学的刘老师能跟着他们上九年级，教到毕业。这件事给我带来不小的触动，十几岁的孩子能对教师如此感恩并提出诉求，说明刘老师在他们心中的分量很重。

刘老师是一位即将退休的教师，在教师的工作岗位上已经兢兢业业干了几十年。在校内，他是一位内敛的教师。虽然有学生提出他的普通话不标准，而且在提倡多媒体教学的当下，他的教学观念和教学手法稍显刻板，有时跟不上形势，但是瑕不掩瑜。他为人和善，对学生处处关心。在平时教学中，他慈眉善目，谆谆教导，很受学生欢迎。这次学生的诉求就足以证明这点。我认为，一个教师得到的最高褒奖，应该就是学生的肯定和积极的评价。我把刘老师的故事作为师德建设的榜样在大会上进行宣讲，并以此导出"以父母之心做教师"的观点。那次之后，大家对刘老师充满敬意。虽然，在新九年级的人选拟订的行政会议上，大家对于刘老师是否上九年级的问题仍有争议，但是我仍然坚持推荐。最后，刘老师和同学们在九年级一路打拼，高高兴兴地把这群学生送上高中，他自己的教学成绩也高于年级的平均线。这件事之后，大家感受到我不仅对学校里各方面突出的教师给予肯定，对于平时比较内敛的教师也能投以积极关注，而且感受到我衡量教师不是只用一把尺子，而是发掘他们身上的闪光点。这件事之后，教师们做事更有激情了，因为他们都会"被看见"。

黄烁是八年级的级长。2018 年，他的父亲得了重病。我了解情况后，多次问及她父亲的情况，并且让她自主安排上下班时间，嘱咐她只要做好手头的工作，不用拘泥于一些规章制度，照顾好父亲要紧。我还专门找八年级的副级长谈话，让他全力配合黄级长完成年级管理工作。有一次，她向我提出辞去正级长的职务，由副级长替补，我否定了她的想法，让她放宽心，尽力而为。几次的谈话都让黄级长非常感动。在后来长达半年的时间里，黄级长学校医院两头跑，一边照顾着父亲，一边兼顾着语文教学和年级管理的事务，经常带着作业和试卷在医院批改，并挤时间思考年级管理的策略和实施方案，尽全力不耽误本职工作。最后，她所带年级的考试成绩在番禺区期末统考中位列全区公办学校的第三名，很多学科都在第二和第三的位置。她用行动回馈了学校对她的关心和支持。

所有真诚的关心，都会化作团队协作、共同进步的动力。也许，制度治校会在短期内有效果，但是，只有以人为本的管理，才是恒久、稳定且有效的治校方向。这就是我所提倡的"以人为本，人文关怀"的管理理念。

(三)引领

一个团队的积极性，除了用关心来提升，还应该用激励和帮助来调动。一个有活力的教师团队，首先应该有健康的体魄、积极的态度，其次要有自我规划和发展的意愿和行动。图 3-6 为我与同事一起登山。

图 3-6 我与同事一起登山

一年一度的校运会如期举行。按照以往的方案，无非就是学生的比拼，没有新意。我到侨联中学之后，提出了师生校运会的概念，规定教师必须参与其中的项目，可以参加教师之间的比赛，也可以参加教师与学生组合的比赛。实施新规定之后第一年的校运会，运动场上师生激情澎湃，教师们身着运动服，英姿飒爽，学生们欢呼声不断，很多教师也仿佛回到学生时代，重新燃起青春的激情。除了校运会之外，此后的工会活动，我提议举行趣味运动会，教师们跑的跑，跳的跳，留下了一个个快乐的瞬间。同事们之间的距离拉得更近，整个团队比以前更有活力。我还在学校开设每周一次的教工瑜伽班，在学校的立品大舞台上增加教师表演的节目，假日组织教师到大夫山活动，举办教师生日会等，突破常态，办好教师活动，增强侨联中学教师团队的激情与活力。

除了在心理上激励老师，改变团队的精神面貌外，我认为对教师最大的激励和帮助，应该是为他们搭建学习的平台，激发他们对专业成长自我规划和发展的意愿，并鼓励他们落实到行动上。

于是，在期中或期末校本培训期间，我增设了"侨中论坛"。几年下来，有几十位教师走上论坛发言，分享他们教育教学的一些经验、看法和做法。他们不是专家教授，理论不高深，但是朴实，在分享中达到了既有自我成长又有相互促进的效果。除此之外，落实好每学期的听课制度，上课的教师要精心准备，听课的教师要虚心学习，评课的环节要言之有物，不走过场。开展一系列引领活动之后，教师们普遍有了再学习的意识。我又通过"带出去、请进来"的策略，不断创设平台让教师们有学习和提升的机会，鼓励他们把自己的学习心得写成论文，形成自己的成果，并通过论文评比或者优秀课竞赛来不断修正自己的学习方向，逐步形成个人的教育教学特色。最近几年，学校的教研风气浓厚，涌现出了一大批市、区骨干教师和特约教研员，每年在国家级、省级、市级刊物上发表十多篇论文，每学年有十多个科组获得省、市优秀科组称号。学校教师的素质得到极大的提高。引领也是人文关怀治校理念中较高层次的策略。引领教师走上专业化发展的道路，"拉一把，送一程"，整个学校的管理水平就能得到极大的提升。

管理一所学校，不仅需要方法，而且需要智慧。作为校长，我力求从一些琐碎小事中解脱出来，将主要精力放在宏观调控上，站在文化的高度，把握管理"总开关"。但是，光有理念不付出实质性的行动，就如同"空中楼阁"。所有的管理理念，应该是通过一个个举措、一件件小事来实现的。信任、关心和引领，是我践行《市桥侨联中学五年发展规划》中的人文关怀理念时的几个核心词语。落实得好，就能把管理化为无形。

第四节　登山，是给自我超越的坚定承诺

"学无止境。"在人生说长不长、说短不短的时光里，从呱呱坠地到悄然离去，人们每一天都在学习、在成长，学习书本知识，学习做人的道理，所谓活到老学到老，学到老用到老。我们如汪洋大海中一滴水珠一样渺小，只有不断学习、实践，再学习，再实践，丰富自身内涵，才

能与时俱进，适应潮流发展。教师是人类灵魂的工程师，教书育人，担负培育社会人才、推进人类进步的重任。所谓"人生在勤，不索何获"。我努力着。

一、阅读伴我成长

阅读，伴随着我的人生成长和专业发展。阅读给了我精神食粮，给了我成长的源泉。从幼儿到少年再到成年，在假日、在田间、在公交车上……我小时候阅读过《唐诗三百首》《上下五千年》《红岩》等，工作后阅读过《给教师的建议》《爱弥儿》等，成为校长后我经常翻阅《教育的理想与信念》《陶行知传》《卓有成效的管理者》《第56号教室的奇迹》等。

我爱书，更爱阅读。书香惹人醉，书香能致远。一本本书，一篇篇文章，正如一块块香喷喷的面包，一顿顿可口的饭食，给了我源源不断的滋养，更给了我永久的精神支撑。

阅读苏霍姆林斯基的《给教师的建议》、林崇德的《教育的智慧》等，我懂得了如何去当一名称职的教师；阅读魏书生的《班主任工作漫谈》、卢梭的《爱弥儿》等，我学会了如何更好地去开展班主任工作；阅读陈永明等的《当代校长读本》、彼得·圣吉的《第五项修炼》等，我明白了如何做好学校管理工作；阅读闫德明的《学校品牌概论》、汪国晔的《SIS学校策划与设计——打造教育品牌的终极策略》等，我了解了如何打造学校的特色品牌……

阅读，促进了我的专业成长。在教师岗位上、在班主任工作中、在校长角色上，阅读始终陪伴我，给了我知识、理念和方法。

担任校长后，在繁忙的工作之余，捧上一本书，沏上一杯茶，翻翻读读，是何等的享受，何等的惬意。此刻，会有新灵感，会产生无穷的智慧。困惑从这里得到答案，思索从这里扬帆启航。

面对新时代，校长如何办人民满意的教育？如何让每个学生都能享有公平而有质量的教育？作为教育者的我要思考，作为校长的我更要思考。结合我读过的《优质学校的9块基石》和《如何提升学校的内力》这两本书，我认为作为校长有三点要努力去做。

一是培育学校文化。学校文化是学校的灵魂，是经过长期发展积淀而形成的全校师生员工的教育实践活动方式及其所创造成果的总和。它包括物质层面(校园建设)、制度层面(各种规章制度)、精神层面和行为层面(师生的行为举止)。其核心是学校的办学思想、办学理念和价值追求等。

作为校长，我认为首先要学习、了解本地区和本校的历史，挖掘其中的优秀文化传统；其次，结合当前的教育形势，认真思考办学思路和办学理念，策划学校文化建设，提出设想，和全校师生共同讨论、学习，形成共识；最后，精心设计，共同努力，在实践中不断总结、提炼，把理念化为现实。

侨联中学从学校实际出发，经过几十年的努力，一代代人不断继承、丰富和发展，在番禺区"上品教化"教育理念下形成了"立品教育"的文化理念，"有立品特色的标准化优质学校"的办学目标及"人文关怀，内涵发展，精品校园，品牌侨中"的办学思路。全校师生在这种理念、思路指导下，团结、拼搏、创新，以饱满的热情、积极的态度，努力提升学校教育教学质量，创特色，铸品牌。

二是建立学习型学校组织。罗兰·巴特在《如何提升学校的内力》中写道："学校是一个学习型的社区，学校是所有参与者——教师、校长、家长和学生教与学的地方……学校是学生发现、成年人重新发现学习的快乐地方。"[1]他还认为：教师和校长学习，为学生做榜样，从而使整个学校形成健康的文化氛围；要建立学习型社区，要使教师和校长都成为学习者。[2]

学习型组织理论告诉我们，学习型组织不仅要求组织中的领导人不断学习和不断超越，而且要求组织中的每一个人都不断学习，不断获取

---

① ［美］罗兰·巴特：《如何提升学校的内力》，张振成译，52 页，北京，中国青年出版社，2011。

② ［美］罗兰·巴特：《如何提升学校的内力》，张振成译，57、69 页，北京，中国青年出版社，2011。

新知识，不断超越自我。

校长更应该以身作则。第一，带头学习，既要积极参与各类进修、培训，又要养成乐于读书、写作的习惯，每天看看书，做做笔记，写写反思，提升个人修养和理论水平。第二，鼓励教师、学生学习，为他们创设良好的学习平台和空间，支持他们通过学习丰富自己的知识，提高自己的能力，提升自己的思想水平。第三，营造学习环境和氛围。一方面在校园中设立知识长廊、科普园地、书香亭等，营造文化氛围；另一方面在班级、走廊、阅览室、办公室营造浓厚学习氛围，让师生便于学习，乐于学习。第四，要有创建学习型组织的目标和规划，不间断地举办读书节活动，让各类读书活动走近师生，走近家长，深入社区。把读书节办成学校开展素质教育的一个平台，让其成为学校的品牌活动。

三是办师生眷恋的学校。李首民校长认为：衡量一所学校的办学质量，就是看在这里学习过或工作过的学生、教师、校长以及把子女送入这所学校的家长对学校的喜爱和留恋程度，留恋程度越高，办学质量就越好。他在书中写道：学校为他或者她留下过许多值得回忆的故事，几十年之后，大家依然对发生在那个学校的事留恋不已，对那时学校里的人有着深深的怀念，这样的学校就是一所优质的学校。[①] 李校长通过20年的校长生涯，努力营造了一所师生终生眷恋的学校。

办一所学校并不难，办一所有知名度的学校也并非做不到，但我认为办一所师生终生眷恋的学校却一点都不容易。如何办师生终生留恋的学校？这就需要我们做有思想的校长，有自己的办学理念、自己的办学思路和办学方向，而不是一味迎合和满足家长、社会对分数的期望。一方面想方设法促进教师走专业发展的道路，提升教师的教育教学能力，打造优秀的师资队伍，注重内涵发展，优化课堂教学，从而提升教育教学质量，而不是通过加班加点去要质量；另一方面严格执行国家要求，

---

① 李首民：《优质学校的9块基石》，引言3页，上海，华东师范大学出版社，2008。

开足、开齐各类课程，推行素质教育，让学生张扬个性，全面发展，有时间、有空间参与课外活动，在学校快乐学习，在社会健康成长。教师也能自主去支配时间，有闲暇去思考教育教学的问题，有闲暇去博览群书，有闲暇去锻炼身体，使身心都健康发展。

法国作家都德说道："书籍是最好的朋友，当生活中遇到任何困难时，你都可以向它求助，它永远不会背弃你。"云卷云舒，花开花落，书籍始终伴随着我的成长。从大石二中到侨联中学，再到桥兴中学，我的办公室总会特意留一个大书柜的位置，书架上既有《论语》《大学》《中庸》《古文观止》《苏菲的世界》《古希腊罗马神话》《习近平谈治国理政》等古今中外经典书籍，又有《领导合作型学校》《治与理：聚焦中小学管理核心竞争力》《〈中小学校长专业标准〉解读》《如何提升学校的内力》《过程教育研究在中国》《教育的目的》《教育漫话》等教育相关书籍。这些书渐渐成了我生命中不离不弃的朋友。

二、进修公共管理硕士

担任校长很快就满两年了，然而在学校人、财、物、课堂、活动等实施管理过程中，在与家长、社区及上级部门进行沟通工作时，我总感觉有点力不从心。2006 年，得悉番禺进修学校开设了公共管理硕士入学考试的相关培训，我马上报了名。

我周末在进修学校听课、培训，每天下班到家填饱肚子后，就开始紧张的学习。由于太累，我有时边看书边打盹，甚至不知不觉地趴在书桌上就睡着了。因为自己高中、大学都是读的文科，没有高等数学的基础，对有些公式、推理云里雾里的，特别是在复习《政治理论》时，有很多原理都记不住，遇到《逻辑学》就更头疼了。我经常复习到凌晨 1 点多，因为不挑灯夜战，根本没办法消化所有内容。

一天、两天……转眼两个多月过去了，迎来了研究生考试的日子。考场安排在中山大学研究生学院的一栋大楼里，直到考试前一刻我还一手拿着面包，一手捧着书，做最后的冲刺复习。每个科目考三小时，当天考完后，我感觉自己像虚脱了一样，只想倒在校园的石凳上好好睡上一觉。

回顾读硕士时的学习，我收获颇多，感慨颇多。

"爸爸，明天带我去公园玩吧。"女儿摇着我的大腿说。

"明天？不行，宝宝，爸爸要去广州上学。"我无可奈何地拒绝。星期五，女儿经常会缠着我，用渴望的眼光望着我，盼着我带她出去玩。

我读的是兰州大学公共管理硕士学位，刚好广东教学点设在广州先烈路的广州科学院内，因为很多教授要从兰州坐飞机到广州来授课，所以课程一般都安排在星期五和周末。在读硕士的两年里，我基本上没有周末可言。一大早就出发，赶在 8 点前到那里上课，中午通常在学校附近随便吃个快餐，然后到教室里看书或趴在桌子上休息一会儿。

两年要学近 20 门学科课程，有公共管理学、公共经济学、公共政策分析、行政法学、公共安全危机管理、领导科学与艺术等。我们除了听教授讲课，更多的还是以小组的形式讨论一些案例、事件、制度等，往往在这个时候课堂气氛就活跃起来了。例如，根据某案例所提供的资料，分析 B 煤矿爆炸事件发生的公共行政方面的原因及相关行政责任；再如，通过 SWOT 分析法，结合你校实际做一个学校五年发展规划等。

……

在职读研，忙碌而艰辛。除了上课、写作业、复习、考试，还要设计方案，写案例分析，做社会调查等。更艰难的还要数写硕士学位论文，三个多月的时间要完成近 3 万字的硕士学位论文，导师还远在兰州，这是一个很大的挑战。

"叶老师，你发给我的论文提纲范围太大了，请再修改一下。要缩小范围，如就写珠三角发达地区的校长角色，因为你还要有问卷调查，然后进行数据分析，从而再提出你的观点。范围小容易做调查，好把握参数。"导师焦克源教授给我打来电话，这已经是第三次修改提纲了。我的硕士学位论文题目是《转型期发达地区中学校长角色定位问题研究——以珠三角地区为例》，我刚刚做校长几年，定这个题目就是想通过分析、研究校长的角色定位，进一步把握好自己将来的角色方向，以利于学校管理和自己的专业发展，同时也给其他校长提供启发和借鉴。

一个月、两个月、三个月，我终于完成了论文的初稿和二次修改。我以为可以松一口气了，可是兰州大学管理学院广东教学点陈老师发来信息：

你提交的论文存在某些调查数据不严谨的问题，请联系导师再次修改，并在下星期三之前发给我中心，谢谢！

这已经是第四次修改了，我只好硬着头皮继续请教导师，经过第五次修改后，论文终于通过审查。图 3-7 为我进修硕士学位时的留影。

图 3-7　我进修硕士学位时的留影

学习虽然是艰苦的，但是使我得到了锻炼，磨炼了我的意志，丰富了我的内涵，切切实实地提升了我的管理能力与水平。

在这几年的学校管理中，我将读公共管理硕士时所学的一些知识、方法、理论自然而然地运用到实践中，从而推进了学校和自身的发展。例如，我通过 SWOT 分析法，科学、准确、全面制定了《市桥侨联中学五年发展规划》，以规划引领侨联中学师生的健康成长和学校的优质发展，而且此规划还被《校长走向卓越的实践智慧》(南京大学出版社 2012 年版)收录。在处理某些突发事件时，我还将公共安全危机管理的一些方法运用其中，并将学到的一些原理、方法运用在日常管理上，如对人、财、物的科学分配与使用等。

三、课题研究的苦与乐

"叶校长，我发个课题申报书给你参考一下，你抓紧时间把它写出来，上次那个省级课题由于你调走没参与，这次要争取一下。"番禺区教科所姜涛教授给我来电。

"好的，姜教授，谢谢你！我还想请教一下申报书里的'特色与创新'如何写好一点呢？"我问道。

"项目特色是指与同类课题比较，本课题研究的独特背景、价值与意义；项目创新是指与同类课题比较，本课题在理论层面与实践层面有何创新点。另外，你写课题申报时还要注意研究目标和研究内容，研究目标要围绕课题准确回答'研究什么'的问题，研究内容是指研究目标下的具体研究点，研究目标及内容不要分开写，即每个研究目标下都要有具体的研究内容，研究目标不能写成工作目标。"

姜教授详细地给我讲解，而且逻辑思维非常清晰，语言准确、精练。以前多次请他给学校教师开讲座，他从来都是脱稿讲，经常用"三个三"结构讲课，理论与实践相结合，生动有趣。

我认识姜教授已有十余年了。我还在大石二中时，他就多次到校指导学校教师的课题研究工作和综合实践活动，后来还指导大石二中开展"关于南浦岛文化的调查研究"，当时我准备申报省级课题，但后来由于我的岗位调动就交由其他教师负责了。

通电话的第二天，他又通过邮件给我发了一个课题申报书样本，并同时发来了填写课题合同书的要求和范式。例如，关于如何设计研究目标。他认为，从句型结构来看，研究目标是动宾结构，即调查什么，建构什么，研制什么，探索什么，研究什么。从逻辑关系来看，课题研究可分解为子课题，即研究目标由若干研究子目标组成，子目标之间或为递进关系或为并列关系。从课题类别来看，"教学类课题"的子目标有调查什么教学的现状，建构什么教学模式，探索什么教学的有效评价策略，研究什么教学策略与什么发展的关系及规律；"课程类课题"的子目标有研制什么课程的目标与内容体系，探索什么课程的实施模式（怎样实施），建构什么课程的评价策略（评价什么、怎样评价），研究什么课程实施与什么发展的关系。

又如，如何撰写研究内容。他认为，研究内容是研究目标下的具体研究点。例如，调查什么教学的现状对应的研究内容包括调查什么、怎样调查、现状分析等；建构什么教学模式对应的研究内容包括建立模式、怎样用模式等；探索什么教学的有效评价策略对应的研究内容包括评价什么（评价体系）、怎么评价等；研究什么教学策略与什么发展的关系及规律，即通过实验研究、比较研究分析两者之间的相关性（高度相关还是低度相关），解释回答为什么相关，认识回答相关性的规律是什么和怎么样的问题。

在谈到课题文本成果方面，他建议要有如下成果：一是研究报告，包括研究背景与意义，研究内容与方法，研究过程及成果，研究结论及观点，存在问题及今后研究设想；二是成果汇编（预设成果汇编的目录），如"教学设计篇""教学案例篇""教学论文篇"等；三是发表论文，预设拟撰写的论文的标题（论题），而非文本成果（工作目标达成）方面。他提炼了几句话，即通过本课题研究，促进什么的发展，提高什么的质量，达到什么样的标准。

他用心、用情、用力指导每位教师。他的言谈交流、QQ 日志、微信留言，无论是"今日推荐""今日关注""今日话题"，还是"今日观点"等，都阐述了很多关于课题研究、文章撰写、成果申报及综合实践活动的主题内容。当进入他的 QQ 空间，我惊叹他的睿智，敬佩他的学问。他写的这些内容可值得我们学习的东西很多，其中有很多是原创的观点。只要你用心去看、去学就一定会收获满满，对综合实践活动的认识，对文章的构思撰写，对课题研究的开展实施，对成果的整理总结等都会有一个质的提升。

在他的鼓励下，我积极申报了"初中活动课程校本化开发与实施的研究"。当第一次发给他时，他就把我的课题主题及框架进行了大修改；当第二次发给他时，他又认为我的理论阐述存在不足，提出要增加理论，并要求进一步提炼"特色与创新"；当第三次发给他时，他认真看完后又提出课题要有规范性和科学性，并指出一些不合理或不规范的地方。经过他几轮悉心指导，我的课题才成功申报。

我按姜教授的指导规范填写了课题合同书，并从读书活动、辩论活动、科技活动和综合实践活动四个方面开展课题研究。由于是第一次开展课题研究，因此当课题进行中期验收时，我又迷茫了。中期报告如何写更规范和科学呢？这时他又发给了我一个中期报告书的案例，我豁然开朗，课题顺利通过了中期验收。在他的精心指导下，经过两年努力，我的课题成功结题，成果还获得了优秀等级。后来，他还鼓励和支持我以"初中立品教育特色课程开发与实施的研究"为题申报广东省"十二五"教育规划课题，并悉心指导，使我的课题顺利开展实施。

这次省级课题结题又是令人难忘的，可以说这次结题是我专业成长中的一次重大的磨炼。结题时间紧，内容多，要求高。有了这次经历，我仿佛成熟了很多，也正因为这次磨炼，我几乎瘦了一圈。幸运的是有姜教授的指导，有课题组成员小娴等同事的大力帮助。为了顺利结题，我多次请教姜教授，例如，有一次我问："教授，请问结题报告与研究报告有什么区别？"

"相同点，即结构相同，二者都有研究背景与意义，研究目标及内容，研究过程及方法，研究结论及观点，存在问题及后续研究。不同点，即侧重点不同，'结题报告'与开题报告相对应，是开题报告的完成时；'研究报告'是以问题为导向的课题研究报告，侧重研究的学术性。"他清晰地给予回答，并说："我分别发一篇给你参考一下。"他发来的结题报告和研究报告，分别都有 30 多页，我认真研读下来，有了收获，于是我渐渐有了思路，在夜深人静之时，开始工作……最后经过一个多月，在同事的共同努力下终于准备好了结题所有的材料，并顺利结题。

课题研究既艰苦又快乐。艰苦，是因为要查找资料、调查、申报和开展研究，特别是写"课题申报书""结题报告""研究报告"，要花很多时间和精力；快乐，是因为得到了以姜教授为首的一批专家的悉心指导，得以与一批志同道合的同事并肩作战，而且自己的专业能力得到了提高，学校、同事都得到了发展。

回想起我这十多年间的课题研究经历，我非常感恩能认识姜教授，并得到他的指引。我认为课题研究的顺利开展首先要有专家的精心指导和帮助；其次要有操作性强的资料做参考；最后就是有能共同作战的课题组成员，以及参与课题研究的师生的支持。课题研究让我学到了很多东西，使我的专业水平得到了快速提升。

课题研究之路漫漫兮，有喜有忧，有苦有乐，有雄山也有峻岭，但我将不懈追逐，并努力攀登。

新时代的校长，不应只停留在传统经验型的校长角色上，扮演执行者、管理者角色，还要有专业发展的校长角色，成为学校战略发展的规划师、文化建设的缔造者、教育发展的引领人和师生成长的服务生。

一校之长超越是其根本使命。通过引领教师超越推动学校超越，最终实现学生对自己生命的超越。但要实现这些超越，校长首先要实现对自我生命的超越。在艰苦的"登山"中，阅读、进修、科研让我"常青"的生命之树获得了源源不断的动力。

第四章

山上风景

"积土成山，风雨兴焉"。20多年的教育之路一步步攀登而来，立志如山，行道如水。每一次的经历，都是一种成长。正是有了登山时精气神的凝聚，才让我在山顶品味到迷人的风景。远远望去，逶迤的山形、青翠的山色、氤氲的云气、恢宏的山魄，尽收眼底。

第一节　山形，在多元课程中勾勒

朱熹《论学》云："小立课程，大做工夫。"课程无疑是学校之所以成为学校最大的理由。作为学生接受教育最主要的方式，课程撑起了学校的基本骨架。积极探索开发系列特色校本课程，以课堂之"品"立学生之"品"，是学校领导者需要思考的重大命题。

一、以开放的世界为教材

清晨，校园里停着两辆大巴车，车边聚集着一批有说有笑的学生，这是学校组织七年级学生去参观广东省博物馆的场景。学生们格外兴奋，他们热切地谈论着即将开启的探索之旅。

七年级(2)班的班主任张老师在一旁指导学生有秩序上车，并强调参观展览的流程与注意事项，在展馆内不要大声喧哗，不能追逐吵闹……学生们积极地回应，一路上欢声笑语不断。

到达广东省博物馆，学生们陆陆续续下车，在教师的带领下，有秩序地进入展馆。博物馆专门为学生们派了一位讲解员。在参观的过程中，学生们认真倾听，时不时发出赞叹之声，感慨中华上下五千年文明的厚重。在回校途中，班主任给学生布置了一份作业——写一篇观后感。

广东省博物馆之行不仅让学生开阔了视野，而且增强了他们的民族责任心与自豪感。看到学生流露出对中华文明的敬仰之情，洋溢着收获知识的欢乐，我感觉在平常的学习生活中适当融入第二课堂，形成互为补充的效果，大有可为。图4-1为学生参观广东省博物馆合影留念。

"天地合气，万物自生。"世界是一个多元交融的整体和生生不息的

图 4-1　学生参观广东省博物馆合影留念

有机生命体。课堂不是一间密室，学校不是一座孤岛，学习不是特定时空的短暂行为。学无边界，习无边界，在侨联中学，我提倡课程突破教室、校园的空间"屏障"，带领学生走向大自然、大社会，走向多彩未来和未知远方。为此，我们整合了学校、家庭和社会各界力量，打通线上与线下渠道，吸纳并利用一切可以育人的资源。学校、家庭、博物馆、图书馆、科技馆、工厂、自然的山水……无边界的生活世界都是课程的实施场所，都可以让学习随时随地发生。

在开放的课程理念下，开放的课程体系被建构出来。学校要实现由一般学校向特色学校乃至品牌学校的转变，必须通过特色课程去带动。我们认为，立品教育的核心在于培养有完善人格、良好品德、善于思考、乐于助人、全面发展而又各具特长的中学生。品是核心内容，立人是目标，通过立德、立行、立情三个维度培养德才兼备、全面发展且兼具个性的现代公民，即立全人，立风骨之人。立德，即立生命之根本，养雅正之人格，培养学生的思想、品格；立行，即立行思之动力，养创造之人才，培养学生的知识、能力；立情，即立情感之风骨，养艺术之神韵，培养学生的情感、气质。图 4-2 为立品教育文化理念架构图。

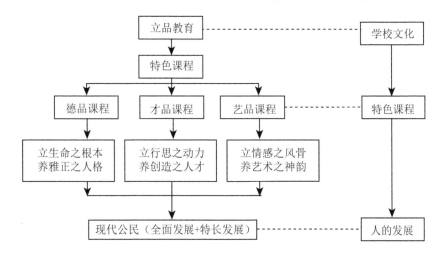

图 4-2　立品教育文化理念架构图

在保障完成国家课程、地方课程的基础上，学校开发的特色课程分为两大类：一类是结合立品教育的培养目标而开设的必修课程；另一类是培养学生兴趣爱好、创新精神和实践能力，发展学生的个性特长，提高学生的品德修养和审美能力的选修课程。

（一）必修课程

必修课程是学校在立品教育理念下，针对学校和学生实际，根据课程目标，即"培养有独立思想、完善人格且具良好品质及乐于服务的中学生"而开设的课程，分为理想教育、公民素养、生命教育及责任教育四大类。理想教育类有入校课程、离校课程、人生规划和理想教育；公民素养类有礼仪教育、法治教育、国民教育及立品之星；生命教育类有安全教育、环保之行、心理健康和阳光大课；责任教育类有感恩教育、社区服务、领袖培养和励志远足。

（二）选修课程

选修课程以学校和教师为主体，学校积极开发旨在发展学生个性特长的、多样的、可供学生选择的课程。学生选修按课程开设的培养目标分为人文素养类、科学素养类、艺术素养类、身体素养类四大类。

1. 人文素养类

通过人文文化的学习，提升学生人文文化品质，教会学生如何做人，培养学生与人合作和进行交流的能力。开发的课程主要有经典读写、名著欣赏、阅读指导、走近名人、你讲我辩。

2. 科学素养类

通过各种科技创新活动，教会学生科学思考的方法，培养学生分析问题和解决问题的能力，以及热爱科学、勇于探索、敢于创新的科学精神。开发的课程主要有科幻绘画、创新制作等。

3. 艺术素养类

通过艺术教育活动，陶冶学生情操，提升其艺术修养，培养其发现美、欣赏美、表现美、创造美的能力。开发的课程主要有名家名曲、红棉书画、摄影技巧。图 4-3 为学生社团接受电视台采访。

图 4-3　学生社团接受电视台采访

4. 身体素养类

通过体艺 2+1 活动和社团活动，促进学生身体素质和心理素质的提高。开发的课程主要有篮球飞人、足球小将、田径精英、乒乓王国、羽你同乐。[①]

经过两年多的开发与实施，学校于 2017 年正式出版了《新起点·心发展》《书画基础教程》特色课程教材。其中《新起点·心发展》教材包含"我是谁""做最棒的自己""相信自己""我能行""托起心中的梦""做个受欢迎的人"等章节，结合学生的年龄特点和身心发展，从社会化和个性化两方面来帮助学生适应新的学习环境，促进学生形成积极良好的人际关系，以培养珍爱生命、有健全人格、有独立思想并能自我管理的中学生；《书画基础教程》教材包含"水墨花鸟""软笔书法""硬笔书法"三大部分，引导学生进行书画基础技能的学习和书画艺术欣赏，既传承了中华民族的优秀文化，又培养了学生的审美素养，提升了其文化品位。

此外，学校还编写了《尚品》《论语研读》《阅读指导》《头脑奥林匹克》《科技创新》《岭南文化》等一系列选修教材，每本教材均遵从由浅入深、从认识到实践的原则，按"认识—实践—创新"的梯度推进，贯穿在综合实践活动中，并渗透到各学科教学之中，使国家课程与特色校本课程各环节能有机结合，相互促进。

二、我的课程我做主

午后的星海公园，阳光明媚，微风习习。湖面波光潋滟，荷叶迎风摇摆，杨柳婀娜多姿，一派春色宜人的景象。远处的亭台、楼阁、青山，仿佛静卧在湖面上。林荫小道上，几只鸟儿叽叽喳喳，一点也不惧怕路过的行人。湖边的一片空地上，三三两两的学生凝神落笔，挥毫泼墨，描绘这天朗气清的春暖景象，这正是侨联中学的美术特长生在星海公园写生的场景。

---

① 叶常青：《基于"立品教育"的思考与实践》，载《教学管理与教育研究》，2018(21)。

为提高美术班学生的专业水平，培养学生的审美情趣和艺术情操，每年春暖花开时节，侨联中学都会组织美术特长生到星海公园、大夫山森林公园、番禺博物馆等地写生。星海公园美丽的风景，激发了学生的创作热情。在三位美术教师的现场指导下，学生有的画素描，有的画水粉画，有的画国画。他们把平时课堂上学到的专业知识运用到写生的实践当中，在美好的大自然中挥洒灵感。图 4-4 为学生在公园写生。

图 4-4　学生在公园写生

加德纳认为人的智力分为语言智能、逻辑—数学智能、音乐智能等，学生之间的差异只是每个人知识范畴和性质的差异。[1] 侨联中学坚信每一个生命都拥有自己的色彩，每一个个体都拥有不同的特质及潜质，都有自己独特的"品"，都可以绽放精彩。我们立足实际，心系学生，放眼未来，通过多元育人的"三品"课程体系、"自主·多元"课堂、丰富的学生社团、浓情书香活动、多元评价机制等，创新教育培养渠道，拓展多样化发展途径，为学生创造自由选择的多样化成长模式。

---

① ［美］霍华德·加德纳：《多元智能新视野（纪念版）》，沈致隆译，9～20 页，杭州，浙江人民出版社，2017。

2009 年来到侨联中学后，我分析学校空间有限、生源有所限制的状况，借鉴自己之前所在学校的经验，确定以特色促发展的发展战略。在特色课程的建设上，基于学校美术特长生具有一定的基础与影响力，我们把美术作为培养学生兴趣特长，陶冶情操立"艺品"的重要实现途径。经过与区教育局的多次论证，以及学校的多次申报，学校从 2012 年起开始招收美术特长生，成为番禺区唯一招收美术特长生的初中学校。2013 年 9 月，侨联中学成为广州市艺术教育重点基地学校。

侨联中学美术科组全体教师根据自身专长和学生特点开设美术基础课程和专业课程，开发"艺品"校本系列课程并合理使用。在课题研究过程中，美术教师更是结合学生的实际，为全面推广和普及艺术特色教育，重新开发了面向全体学生的《书画基础教程》教材，要求全校学生进行书画基础技能的学习和书画艺术欣赏能力的培养，这既传承了中华民族的优秀文化，又培养了学生的审美素养，提升了学生的文化品位，更促进了学生核心素养的发展，全面推进了素质教育。教材选载了古今名人作品和学生优秀作品供学生学习，大大提升了学生的艺术修养。2019 届梁御同学在周记中写道：

为了让学生更好地感受书画之美，学校特意编写了《书画基础教程》这本书，此书一下发便受到了学生的关注，大家迫不及待地翻阅，汲取书中的知识。书中主要提及了国画的笔法、书法的要领等，还具体分析了梅、兰、竹、菊的画法，并对布局、线条、色彩都做了较详细的描述。此外，书中还附上了大师的作品及部分同学的画作供我们临摹。我和同学们在阅读此书时，都不约而同地将手比作画笔，兴致勃勃地跟着书上的步骤一笔一画地将大师的作品临摹出来。

如果说画作是艺术手段与内心表达的巧妙融合，呈现给我们的是独具自我风格的艺术表达；那么，书法则是陶冶心境的一种方法。"字乃人之衣冠。"这说明书法对于一个人的重要性。这本书更是细致地提到书法中的基本笔法、墨法、书法品式……

书中除了有详细的教程，还有许多题款常用字词参考及古诗词句，以及几位著名书画家的介绍，这些知识更好地拓宽了我们的视野。

......

近几年来，侨联中学还多次组织美术特长生到广东美术馆、广州艺术博物院等进行美术书画展的参观鉴赏；与番禺百越书画社、番禺区关工委共建书画艺术教育基地；邀请书画名家到校开设专题讲座与学生进行交流；还特聘区美术骨干教师作为侨联中学美术班外聘教师，对学生进行水彩、彩版年画、版画等专项指导；从2015年起，学校每年坚持举办一次"艺品"千人书画大赛活动。图4-5为岭南书画名家讲课。

图4-5 岭南书画名家讲课

2014—2019年，侨联中学先后在市桥长堤文化园、星海青少年宫举办了六届美术特长生书画展，先后编印《积学在勤，寄情游艺》《成长》《学不可以已》等五本学生画册及一辑明信片等。学校组织学生每年参加各级各类美术比赛且均获得优异成绩，近年来，美术类获区级以上的奖项有300多项。丰硕成绩的取得，既显示了侨联中学"艺品"特色课程开发与实施的成效，又反映了学生丰富多彩的第二课堂，有效培养了学生自信从容、风采卓立的气质。

美术班学生的综合素质和中考成绩也得到了家长和社会的认可。其中，2015年首届美术特长班中考总平均分比广州市平均分高出94分，

80％的考生达到提前批录取分数线；2016届美术特长班中考总平均分比广州市平均分高出110分，90％的考生达到提前批录取分数线；2017届美术特长班中考总平均分比广州市平均分高出114分，96％的考生达到提前批仲元中学、番禺中学的录取分数线。美术特长生在2018年高考中，成绩喜人，32名特长生有23人考上本科。美术特长生在学业成绩、艺术专业方面的发展和提升，充分体现了立品教育特色课程实实在在地让学生得到全面发展。

美术特色成为侨联中学一张亮丽的名片，同时坚定了我以特色引领发展的决心。以美术特色的成功为契机，侨联中学的综合实践、科技、国学、体育、艺术及心理健康等特色活动全面开花。图4-6为美术特长生作品展。

图4-6 美术特长生作品展

以特色促进素质教育的深入开展，促进有效教学的进一步落实，极大地促进了学生学业成绩的提高，侨联中学九年级学生参加中考连续多年平均分、优秀率、考上重点高中的比例，均在番禺区前列。学校已连续十五年荣获番禺区初中毕业班工作一等奖，并荣获番禺区首届初中办学绩效评比第一名。

三、新课程，新探索

"你这样回答不对，怎么没有背下课本上的答案？""上课不准讨论问题，有问题下课到我办公室。""我的教案用了几十年了，能有什么问题？""你们开这么多课，学生能学过来吗？""搞什么理想与远足，能提高学业成绩吗？""改革改革，改了十多年我不还这样教课？"……

在推进新课堂改革时，我经常会听见这样的声音，有一些对课堂改革有意见的教师还会直接到办公室向我"诉苦"。在传统沉闷的教学方式下，我们的教师非常勤快又非常劳累，我们的学生非常刻苦然而一直被动地学，课堂改革势在必行。在课堂改革推进过程中，我经常会到班级里去听课（见图4-7）。

图 4-7　课堂改革听课

番禺区"研学后教"教学模式推广后，我便以校本课程的开发为突破口，使教师能重视自己的教育体验，结合学生的兴趣爱好进行有效指导，在参与课程开发的过程中学习到相应的课程理论知识，使工作更具有成效性、实用性。经过反复的会议研讨，我们提出了学校教师应该具备的教学理念：教师立品于教，学生立品于学，教与学融为一体，教学相长，教师与学生相互玉成，在"立品课堂"中渗透"风骨"意蕴。

"立品课堂"是新课程理念下的优质课堂，它追求一种体现生命色彩的活动情境，闪烁着活力、情致、思辨、独立的品质，体现风骨的价值取向。课堂教学的环节体现"自主研学、问题解决、能力提高"，在达到课程教学三维目标的过程中，鲜明显示出教师与时俱进的因材施教的课堂特色，标志着"教学相长"——师生的共同发展。

新课程理念下的课堂教学，追求教与学建构的互动性、教与学方式的灵活性、教与学课堂的开放性、学生学习发展的个性化。结合侨联中学教育的核心理念，我们的课堂教学坚持思行一体，形成活力、情致、思辨、独立的课堂品质。

活力。课堂教学不是给学生灌满一桶水，而是给学生点燃一把火，让学生充满激情，充满活力，使课堂教学氛围洋溢着"我要学习""研学探究""追求真知""美丽憧憬"的浪漫。叶澜教授曾精辟地指出，一节充满生命活力的课应具备"有意义、求效率、能生成、存缺陷"的特点。①"有意义"是指学生必须在课堂教学中学到知识、提高能力、陶冶情操，即学有所得；"求效率"是指在课堂教学中提高教学效率，全面实现新课程的三维目标；"能生成"强调师生互动、生生互动、人文互动，知识在活动中生成，师生在活动中发展；"存缺陷"是说我们追求的是真实的课堂，求实求真。

情致。情致强调教学活动是师生的多边活动。在课堂上，教师的作用在于组织、引导、点拨，使学生通过动手、动口、动眼、动脑，自己去发现问题，解决问题，在课堂中生成积极搜索知识的韵味，这就是情致。学生的情致与每个教师各具特色的教学风格密切相关。因此，教师要博学广识，风采卓然，彰显出个人的巨大人格魅力，建构一个多样化、多侧面、多角度的教学体系，挖掘学生的潜能，因材施教，从而更

---

①　叶澜：《让课堂焕发出生命活力——论中小学教学改革的深化》，载《教育研究》，1997(9)。

好地促进学生的个性发展，更有效地提高教学质量。

思辨。思辨出于《中庸》："博学之，审问之，慎思之，明辨之，笃行之。有弗学，学之弗能，弗措也；有弗问，问之弗知，弗措也；有弗思，思之弗得，弗措也；有弗辨，辨之弗明，弗措也；有弗行，行之弗笃，弗措也。"因此，思辨是指思考辨析，而且伴随着意志毅力。所谓思考指的是分析、推理、判断等思维活动，所谓辨析指的是对事物的情况、类别、事理等的辨别分析。

调查研究资料表明，在平常的教学活动中，缺乏思辨的学习现象比比皆是：一是人云亦云；二是滥用情绪性的词汇；三是崇拜权威；四是观察不仔细，经常略过论证的过程，直接看结论；五是逻辑思维有缺陷；六是厌恶别人与自己相左的看法；七是理解能力不足；八是只听一方的说辞；九是不愿意面对不利的证据；十是习惯说正确的废话。因此，我们的"立品课堂"重视培养学生的思辨能力，形成课堂教学的思辨之品。

独立。独立是指有独立的思考能力和风范，独立源自个性的自由发展，也就是说课堂必须体现因材施教，关注全体学生在不同程度基础上的发展，强调个性化教学，借鉴多元智能理论，根据学生的需要、兴趣和潜能来进行教学设计与实施。教师依据不同学生的智力结构特点和认知发展规律，学生的个别差异，趋向个别适应、因人施教，培养学生的主体精神、参与意识、独立思考能力和创造能力，从而使每个学生获得自由发展和树立独立精神的机会，从而指向"风骨"之品。

课堂教学呈现出来的活力、情致、思辨、独立的品质，实际上是学校师生的一种幸福的生命状态。我们侨联中学的"立品课堂"是富有活力与情致，充满思辨的睿智并能充分展现个人独立风采的课堂，充分体现教师立红棉风骨于教于行，学生立红棉风骨于学于行，师生融为一体，学教融为一体，使师生的思想、情感、能力、气质交融并注入课堂当中，在活力、情致、思辨、独立的氛围中得到精进，实现"立红棉风骨之品"的教学目标。

　　"立品教育"特色课程的实施，既能补充和完善国家课程及地方课程，又能很好地把学校的"立品教育"理念落到实处，以培养全面发展且有个性特长的现代公民，促进人的发展。学校将特色课程安排在综合实践课、心理健康课、班会课、社团课、活动课及阅读课等校本课程中，以学校教师、家长、社会人士及大学教授、大学生等人员为任课教师，通过课堂讲授、校内活动、讲座及实践等形式实施"立品教育"特色课程。

　　在特色课程开发与实施中，结合侨联中学的实际，我总结了以下几点做法。

　　（一）课程开发

　　第一，组织全体教师学习，动员全体教师参与校本课程开发。

　　第二，制定特色课程开发和实施的管理制度，以规范学校特色课程的开发和管理工作，将特色课程开发纳入教师业务考核中。

　　第三，以教研组为单位确定本学科组特色课程开发的方向。

　　第四，评估学生对特色课程的需求，确定课程开发的重点。

　　第五，动员全体教师、家长根据自己的爱好和特长开设特色课程。

　　（二）教师管理

　　第一，教师根据特色课程的特点和要求，完成课程计划，制订课程目标和课时计划，并按学校整体教学计划的要求，达到规定的课时与教学目标。

　　第二，任课教师认真备好每一节课，写好教学案例，按步骤实施，教导处随机抽查和测评。

　　第三，教师必须做好有计划、有进度、有方案、有资料、有总结、有学生考勤等的过程记录。

　　第四，教师应保存学生的作品、资料及在活动和竞赛中取得的成果资料。

　　第五，教师根据学生的学习情况及课程实施情况，及时评价、表彰和总结。

(三)学生管理

第一,教师向学生宣传实施特色课程的意义,激发学生申报及参与特色课程学习的积极性。

第二,学校向学生公布特色课程开设科目、指导教师及课程说明等,让学生自由、自主选择课程。

第三,七年级、八年级每个学生第一学期必须在学校当轮开设的特色课程中任意选修 1 门,有 10 人以上申请可新开 1 门特色课程。

另外,学校先按正常教学班统计学生选课情况,再根据学生第一、第二志愿,调整各特色课程科目学生人数,原则上班额不超过 40 人,不少于 10 人。图 4-8 为学生参加世界头脑奥林匹克中国区决赛。

图 4-8 学生参加世界头脑奥林匹克中国区决赛

特色课程是源于学校与学生,并根据培养什么人这个目标而开发的个性课程。为了确保特色课程开发的质量,学校要充分发挥教师的集体智慧,采用分工合作、分类组合的方式,遵循本校教师动手和外聘专家指导的原则，有效利用现有教育资源，充分结合本校的传统和优势以及学生的兴趣、需要，编写系列教材。

四、课堂教学改革下的侨联中学模式

2012年，番禺区提出"研学后教"课堂教学改革模式，我作为校长，主导开展侨联中学的"研学后教"课堂改革校本研究，全校师生热情投入课堂教学改革中，探求"研学后教"的侨联中学模式。

改革的声音一直在教育界高呼，然而改来改去，仍不尽如人意。有的教师已经被改疲了，见到我就抱怨："校长，这个'研学后教'就是分成小组呗，模仿加创新一下前人总结的做法不就能做到了吗？""这些以前都改过啦，也没见多大成效！""整天改革改革，还不够折腾人的呢。"……

"研学后教"既是当今教育形势的需要，也是课程改革的必然。其目的是充分发挥学生的学习主体性，真正地实施高效课堂教学。"研学后教"是以哲学实践观、人脑科学与现代教育心理学理论为基础，以教师"三研"（教学目标、教学内容、教学对象）为前提，以研学案为载体，以研学问题为核心，以学生自主、合作、探究学习为形式，以教师后讲（难点、重点、关键点）为原则，促进学生多元发展，提高教学质量的一种理论和实践范式。"研学后教"的最终目的是实现学习方式的转变，真正地体现以学生为主体的课堂教学模式。

"研学"主要是教师在深入研究学情、学法、课程标准和教材的基础上，编写出关于学习目标、内容、方法的研学案。然后，学生在研学案的指引下通过自主、合作、探究学习，钻研知识，进行互动，提升学习能力。"后教"主要是针对学生自主、合作钻研后还存留的困惑与问题，教师进行恰当的点拨、拓展和延伸，让学生再进一步地自主合作、探究学习，充分有效地实现教学目标。

作为学校的掌舵者，我意识到这次的改革不同寻常，是一次自我更换新"血液"的机会。要突破发展瓶颈，提高教学效率与师生幸福感，就必须围绕"研学后教"开展工作。我知道，我们必须站在教学改革的前

沿，以破釜沉舟的气势来开展、参与课堂改革，以达到对学生、对教师的"减负"和使课堂"高效"的双赢目的。

为了提高教师"研学后教"的意识与能力，为他们种下一颗课堂教学改革的种子，我采取了"请进来"与"走出去"相结合的策略。2012年8月，"研学后教"刚提出不久，我便邀请姜涛教授为全体教师进行"研学后教"专题校本培训。姜教授深入浅出地为大家解读"为什么推行'研学后教'—'研学后教'是什么—怎样实施'研学后教'"，具体从研学案的编写到课前、课中、课后全方位阐释，为全体教师指明方向，使全体教师更深入地了解了"研学后教"的理念与目标。这次校本培训，为学校新学期的发展带来了新的气象，也催生了浓郁的研学氛围。

同年9月8日，我又邀请深圳某中学教师进学校举办讲座，全面介绍他们的教学改革经验。该中学的教学改革核心内容是"自然分材教学四环节"，原则在于顺势而学，秉承感情先行、自学互帮、问题导向、师生同益的理念，将教学有效性建立在教学科学性基础之上。该中学打破传统的秧田式座位排列方式，使用马蹄形座位排列方式组建小组，让小组有序，既解放了教师，又有益于学生真正成为学习的主人。此次讲座为侨联中学的"研学后教"总体模式深化提供了可操作性的蓝本，打消了教师的疑虑，开启了"研学后教"探索的新局面。

在"请进来"的同时，侨联中学还鼓励教师们走出去，融入课堂改革的大潮。学校分科组织教师到番禺区象贤中学、江苏泰兴洋思中学、山东杜郎口中学进行听课交流和学习，参与区教改研讨会议等，这些不仅开阔了教师们的眼界，使他们学到了经验，更坚定了他们对"研学后教"的信心与对未来的憧憬。

学校开设"侨中论坛"平台，每学期举办两次，让师生交流、展示，让教师反思课堂改革的模式、方法及管理，这有力促进了课堂改革的深入发展。一大批骨干教师得到成长，很多教师的专业能力得到提升，课堂效率大大提高。

课堂改革的实施，离不开制度上的保证，我们经过实际的调研与论证，专门制定了侨联中学"研学后教"课堂改革的章程，要求全体教师遵循。首先，严抓科组和备课组建设，保证教学常规工作落实到位。其次，及时总结、反思，推广经验。不断进行教学质量分析，提出改进工作的措施，把教学改革引向深入。组织教师学习教学理论、师德规范、岗位责任制度及上级文件精神，努力使教师转变观念，提高参与意识。再次，行政、骨干教师引领。大家共同参与教学过程管理，一起进行随堂听课、课堂教学会诊；进行对研学案、作业质量、辅导内容等的检查，落实学科教学要求；协调教研教改，不断进行新授课、评讲课、复习课等课型的有效探索。最后，引进激励评价，以评促改。

对于教师而言，作为"研学后教"的核心——研学案的编写对"研学后教"的顺利开展具有实质意义。备课组落实研学案的编写，要求教师勤于钻研编写命题技巧，并在实践中实施改进，不断提高研学案编写水平。

历史科组的余颖娴老师在课堂改革故事征文《且行且思——我在课改的路上》中，写到历史科组研学案的实践探索，具体如下。

第一阶段：依样画葫芦的"象贤模式"。

象贤中学是区内开展课堂改革比较成功的典范，我校既听取了象贤中学谭小华校长所进行的课堂改革专题讲座，又组织教师分科到象贤中学进行听课、交流。刚开始的课堂改革几乎是全盘照搬象贤模式。研学案分为：研学目标、课时安排、研学过程（自主学习→合作探究）、巩固拓展四部分。象贤模式下的研学案，我们发现几乎无法完成教学任务，原因主要是自主学习部分用了10～15分钟，学生完成此部分后，如果教师再加以讲述，那么后面的环节基本就无法完成；如果教师不再讲述，学生对知识的理解就不够透彻，也难以在合作探究环节中取得应有的教学效果。课堂改革的初期，我们在研学课堂上遇到了前所未有的困难。

第二阶段：打造学校特色的"侨联模式"。

随着课堂改革的推进，每个学校都构建起自己学校的课堂改革模式，我校也致力构建"自主合作·多元评价"的课堂教学模式，并制订了研学案的通用模式。研学案分为：研学导航、研学过程（自主学习→合作探究）、研学检测、研学拓展四部分。"侨联模式"下的研学课堂，想方设法减少教师的讲授内容，尽可能地将教师授课时间控制在15分钟内，并要求教师遵从"三讲三不讲"的原则，即学生能自主学习的不讲、学生自主学习不懂但通过小组合作学习能懂的不讲、小组合作学习仍不懂但通过成果展示能懂的不讲，教师在课堂上只讲重点、讲难点、讲关键点。多让学生讲、写、演、练、思，发挥学生主体性，学生齐参与，教师要起启迪、引导、监控、点拨及统筹作用。

这种理想状态下的"侨联模式"也让我们的课堂改革遇到新的困难：一是知识缺乏系统性，如历史知识被割裂成一块块的碎片，不能体现历史学科的特点；二是改革后的研学课堂面貌是闹哄哄的，学生的参与度也挺高，但学生在展示的过程中不能抓住教学的关键点，更难以对教学重点与难点进行深入的分析；三是学生参与的热情下降速度很快，缺乏持久性。面对一系列的问题，我们不仅需要思考课堂改革的模式，而且需要结合学科的特点进行宏观的调控，不同的学科应该有不同学科特点的模式，不能一个模式走天下。

第三阶段：打造学科味道的"历史模式"。

经过历史教师们的不断实践，在番禺区教研室历史学科的指引下，我们现在逐渐形成具有学科味道的"历史学科模式"。研学案分为：课程目标、学习目标、学习重难点、学习过程（温故知新→自主学习→合作探究→梳理知识→练习巩固）、知识链接、学习后记六部分。研学案中的课程目标、学习目标、学习重难点三部分是提示学生应该掌握的每一课教学内容，在课堂中基本不花时间展开，但在教学设计中必须体现。学习过程有温故知新部分，起新课导入的作用；有学生的自主学习与小组合作探究部分，这是课堂改革的核心部分；有梳理知识部分，教师可利用此部分将每一课的教学内容与学生一起进行梳理，解决之前的知识零碎、缺乏系统性的缺点；并附有练习巩固，及时对每一课的教学内容进行反馈。同时，还增加了知识链接部分，由教师就每一课内容给学生推荐相关的书籍、电影，让学有所余的学生增加课外的知识，提升学生对历史学科的兴趣。此外，我们还设有学习后记，让小组成员对课堂知识掌握情况进行反馈，以利于教师及时调整教学策略。

侨联中学在"研学后教"的探索中，向先进的典型学习，并根据学校实际进行创新性的转化，从历史学科就可以看出来。研学案的编修，只是课堂教学中重要的前置构成，而在实施的过程中，需要及时优化研学案，使研学案真正有效实施，达到解放师生、共同发展的目的。各科组的教师们，不断修改研学案，结合研学案在课堂中进行实际操作，不断调整教学策略与方法。教师们在探索中学习，在修改中成长。

通过分阶段"研学后教"课堂教学改革，教师的教学方式和学生的学习方式逐步发生转变，"自主合作·多元评价"逐步体现。学校涌现出了很多积极投身改革的师生及班集体、小组。学校开展了多期以"研学后教"为主题的侨中论坛，一批批骨干教师以侨中论坛为展示平台，交流自己在课堂教学改革中的感悟、探索、措施、方法以及收获，在全体教师中点燃教学改革的火花，在思维的碰撞中完成一次次的总结、提升。图4-9为课堂改革中的课堂。

"研学后教"校本研究开展以来，侨联中学收获颇丰，科研方面硕果累累。学校成功申报省级立项课题三项、市级三项、区级十多项。其中，"初中活动课程校本化开发与实施的行动研究"和"地理图表在初高中地理教学衔接的研究"课题研究成果获区优秀成果一等奖；此外，"初中活动课程校本化开发与实施的行动研究"和"初中课外阅读课内化有效指导策略研究"课题研究成果获广州市首届教学成果奖三等奖。

"研学后教"课堂改革刚一推广，我就意识到随着教学方式的改革，

图 4-9　课堂改革中的课堂

评价方式必然发生改变。当唯分数论的机械思维一统天下的时候，彰显立品特色的侨联中学评价机制的改革已刻不容缓。

评价是校本课程开发与实施过程中不可或缺的一个重要环节，校本课程的开发与实施，离不开一个全新而科学的评价系统。评价体系既要对校本课程有所促进，又要体现人文关怀，发挥隐性评价的重要作用。评价的主体需要多元化，教师和学生都是评价的主人。因此，建立一套完善而有效的评价体系在学校的发展中显得尤为重要。

苏霍姆林斯基认为：生命在学习过程中克服困难，获得成功，进而获得高度的自尊自信，以及责任感与意志力，渴望再度通过学习、通过克服学习中的困难而获得幸福的动机。[①]

因此，我们为师生制定"风采学生/教师评选评价表"，科学多元地评价学生及教师的个人成长和工作表现，根据风骨品格的思想、情感、能力和气质四个方面来构建评价体系。

风采学生的评价机制，与育人目标相匹配，激励所有的学生开展争

---

① 蔡汀、王义高、祖晶：《苏霍姆林斯基选集（五卷本）》第 4 卷，304 页，北京，教育科学出版社，2001。

星创优活动，让更多的学生获得成功，让不同的学生获得不同的发展，让他们及时、真切地看到自己的成长，认识到自己的长处和不足，不断完善自己的行为，成为更光彩夺目的自己。每一个学生风骨品格的思想、情感、能力和气质四个方面的分数，结合学科特点以及"学生成长手册"记录的学生日常的表现，以作品展示、会演、笔试等方式，由学生自己、家长、教师、同学组成评价小组进行综合评价后赋予一定分数，形成结构图。侨联中学为学生量身定做的课程评价，能直观看到学生的强势和弱势，以及对比学生每个学习周期的进展情况，从而及时调整、优化课程，为学生的发展提供更科学、具体、可操作的评价方法。表 4-1 为风采学生评选评价表。

表 4-1　风采学生评选评价表

学生姓名：_____　　　　　　　　　　　　　　　　总分：_____

评价标准设置						
一级指标	二级指标		分值	自我评分（占20%）	家长评分（占20%）	教师评分（占30%）	学生评分（占30%）
思想（30分）	明辨是非善恶	言谈文思论理清晰	3				
		处事方式合理	3				
	道德信守	信守公平正义	4				
		信守人性向善	4				
	人格与人格理想	言谈文思表现出崇高的人格理想	2				
		日常言行表现出自尊和尊人	4				
		日常言行表现出自爱和爱人	4				
	独立思想	想象力、思考力、理解力、融通力	6				

山的那一边

评价标准设置						
一级指标	二级指标		分值	自我评分（占 20%）	家长评分（占 20%）	教师评分（占 30%）	学生评分（占 30%）
情感（20 分）	敢爱敢恨（在明辨是非善恶和道德信守的基础上）		5				
	敢想敢做（在明辨是非善恶和道德信守的基础上）		5				
	自觉自主		5				
	生活情趣		5				
能力（30 分）	毅力	心理忍耐力（意志力）	4				
		心理自制力（自控力）	4				
	智慧	成就自己（自我的提升）	5				
		成就他人（对周围人的影响）	3				
	行动	学习力	4				
		创造力	4				
		处事能力	3				
		自省力	3				
气质（20 分）	自信从容		6				
	风采卓立		6				
	儒雅、刚毅、雄健（男生）温柔、坚强、优雅（女生）		8				
合计							

136

　　对教师思想、情感、能力、气质的评价，建立在教师编写的课程纲要、课堂教学、教案设计、资源收集、生活情趣、行动能力、指导的学生作品等方面，综合自评、领导评、同事评、学生评，对教学工作进行全方位的评价。教师的自我评价，是指教师对自己的教育思想、教学方法、教学过程和效果等进行的反思。通过评价与反思，促进教师的业务水平进一步提高。表 4-2 为风采教师评选评价表。

表 4-2　风采教师评选评价表

教师姓名：_____　　　　　　　　　　　　　　　总分：_____

评价标准设置							
一级指标	二级指标	三级指标	分值	自我评分（占 20%）	领导评分（占 20%）	教师评分（占 30%）	学生评分（占 30%）
思想（30分）	明辨是非善恶	言谈文思论理清晰	4				
		处事方式合理	4				
	道德信守	信守公平正义	4				
		信守人性向善	4				
	理想教育	入情入理	4				
		见解独到	2				
		紧贴时代	4				
	独立思想	不随波逐流，不人云亦云，对人、事、物有独到的见解	4				
情感（20分）		敢爱敢恨（在明辨是非善恶和道德信守的基础上）	5				
		敢想敢做（在明辨是非善恶和道德信守的基础上）	5				
		自觉自主	5				
		生活情趣	5				

续表

评价标准设置							
一级指标	二级指标	三级指标	分值	自我评分（占20%）	领导评分（占20%）	教师评分（占30%）	学生评分（占30%）
能力（30分）	毅力	心理忍耐力(意志力)	4				
		心理自制力(自控力)	4				
	智慧	成就自己（自我的提升）	4				
		成就他人（对他人的影响，包括所教学生的品德）	4				
	行动	处事能力	3				
		创造力(教研能力等)	4				
		学习力	4				
		自省力	3				
气质（20分）	自信从容		6				
	风采卓立		8				
	儒雅、刚毅、雄健（男性）温柔、坚强、优雅（女性）		6				
合计							

"风采学生"和"风采教师"是学校的最高荣誉，获此荣誉者可获得学校的最高荣誉奖，并进入学校的《红棉名人录》名册。

五、把课堂还给学生

学生是课堂改革的最大受益者。"研学后教"提倡自主合作，给学生更多时间和空间，使学生的潜能得到充分开发，课堂上鼓励人人参与，师生合作交流，互相学习，共同成长，使学生真正成为学习的主人。

注重自学、小组讨论

我是七年级的新生，刚升入初中，便遇到教学改革，"研学后教"是我们现在学习的一个新模式。以前学习主要靠着老师讲，一节课下来基本都是老师在说。但现在不是这样，现在老师说话的时间少了，让我们自学的时间多了。老师把班上同学分成一个个小组，并有了文科组组长和理科组组长。每当有难题的时候，我们向小组提出问题，然后由大家一起来讨论问题，用大家的思维和知识去解决这个问题。"研学后教"注重的是自学、小组讨论，当然，在这个过程中我们的合作能力和自学能力得到了提升，思维得到了发展。"研学后教"使我们从以前的被动读书，变成了主动读书，使我们在读书的过程中，能自己提出问题，通过自身或是通过小组一起分析问题，然后解决问题，激发了我们的探究能力。

（陈佳怡同学）

我们获得课堂主动权

最近，我校采取"研学后教"的教学方法来进行课堂教学，每个班都有各自的学习小组，大家互相学习，取长补短，共同进步。作为学校的一名学生，我认为"研学后教"这种教学方法适用于我们。在我班，每一个四人学习小组都有成绩优秀的学生、中等生和后进生。上课时，老师先让我们讨论再讲课，这能够使我们的思维得到开拓与发展。小组内四个同学之间相互提醒与帮助，中等生和后进生有了成绩优秀的学生的帮忙和辅导，其成绩会逐渐提高。而成绩优秀的学生也在这个过程中培养了自己的责任心，自己的成绩也能更进一步。因此，我认为这种"研学后教"的教学方法十分好，这种方法既能让同学获得课堂主动权，又能增进同学之间的感情，培养学习的好氛围。

（鞠倩玲同学）

"研学后教"促班风

自从开展"研学后教"小组讨论的上课形式后，班里大部分同学的成绩都有所提高。得益于这种新颖的教学模式，同学们的学习热情更加高涨了，小组内互相帮助，成绩好的同学积极帮助后进的同学，这种小组合作的风气，带动了整个班，形成一种团结友爱的班风。

（李佳茵同学）

……

在课堂改革中，我们坚持把课堂还给学生，引导学生自主学习、合作学习，让学生得到充分成长。

自主学习以学生为学习的主体，通过学生独立的分析、探索、实践、质疑、创造等来实现学习目标，改变课程实施过于强调接受学习、死记硬背的现状，倡导学生主动参与、乐于探究、勤于动手，培养学生收集和处理信息的能力、获取新知识的能力、分析和解决问题的能力，以及交流与合作的能力。

自主学习强调师生人格平等，教师是学生学习的引导者、合作者；学生是学习的主体，既参与学也参与教。把课堂还给学生，让每个学生都动起来，敢想、敢问、敢说、敢做、敢争论，充分展示其求知欲、表现欲与创造欲；教师只画龙点睛般地启发、引导、讲解、拓展，力求满足学生自主发展的需要。图 4-10 为教师辅导学生。

图 4-10 教师辅导学生

合作学习以小组学习的形式，通过学生之间的交流、合作促进其在认知、情感和社会性等方面的成长。

学生在合作小组中相互交流、学习，增强了学习的积极性，另外，学生之间的互教互学采取同龄人易接受的方式进行，有时可以起到教师讲解达不到的效果。学生自身内化、重组、操作和交流的过程就是合作学习的过程。

研学小组根据学生的成绩水平进行捆绑，使成绩较优秀的学生主动帮助后进生，各组间开展竞赛活动，激发学生竞争意识，增强其团队合作精神，提高"兵教兵"的学习成效，让学生真正享受学习的快乐。通过一个阶段的教学实践，学生最显著的变化便是课堂参与率明显提高，口头表达能力增强，自信心有了，师生、生生间的关系变得更为融洽。

一笔一墨，一幅优美的中国山水画呈现在眼前。这是一幅水墨山形图，崇山峻岭间，奇峰争秀，景色万千，一条条曲折的山路蜿蜒而上。恰如学校的多元课程在立品课程体系下，分别有德品、才品、艺品系列特色课程，有立品课堂。学生在多元课程里尽情翱翔，在特色课程里快乐成长，向知识的高峰攀登，十步一景，百步一弯，越往上山峰越险峻，景色越别致。

第二节　山韵，在多彩活动中氤氲

"知者行之始，行者知之成。"学生可以在各种活动中通过自身和外界的相互作用来实现能力与品德的形成。侨联中学把德品、才品、艺品结合在主题项目活动中实施，旨在让每一个学生拥有不平凡的体验，实现不平凡的成长。"山不在高，有仙则名。"学生在多姿多彩的活动中，展示天性，释放激情，积累才华，发展能力，学校因此而充满了灵动的意韵。

一、寓教于乐，以行明志

2016 年 11 月 25 日，侨联中学组织八年级全体师生前往大夫山森林公园进行"大夫山立品实践行"活动，这已经是连续第四年开展这项活动了。天气受寒流的影响气温下降，寒风瑟瑟，树叶簌簌作响，湖面清波粼粼。同学们却不畏严寒，内心热情似火，跃跃欲试，在大夫山门口等待着。

在活动开始前，我做了简短的讲话，具体如下。

同学们，读万卷书，不如行万里路。今天的大夫山森林公园旗帜招展，青春涌动，激情燃烧。在这里进行徒步综合实践活动，是对我们身体素质的一次锤炼，是对我们拼搏精神的一次考验，是我们团结共进、不断超越的精神风貌的有力体现，更是践行立品教育的有利时机。眼前的山路曲折起伏，如同我们的人生之路，亦如每个人的学习之路，有成功亦有失败。山路虽漫长，但阻挡不住侨中学子跨出自己坚定的步伐。

希望各位同学在活动过程中不畏艰辛，团结互助，展现我们侨中人的风采。各位同学在爬山的过程中一定要注意自身安全，照顾好同伴，并且带好自己的水壶与零食，和班级在一起，以小组为单位开展行动，听从指挥，不要分散。大家在全力攀登的同时，注意欣赏沿路的风景。下午的综合实践活动，请大家按之前准备好的主题分组开展，积极参与。

"会当凌绝顶，一览众山小。"希望大家以这次活动为契机，树立勇于争先的决心、克服困难的信心和顽强拼搏的雄心，充分发挥团队力量，激发起更加昂扬的精神斗志，立好品，做好人，向着美好的明天不懈奋进。

活动的路线是从大夫山南门出发直到北门，再由北门折返，其间有烧烤活动及分班进行的综合实践活动。校旗在凛凛寒风中飘舞，侨中学子意气风发，朝气蓬勃，引来行人驻足赞叹。步行途中，班级与班级之间紧密相从，如一支训练有素的队伍，一路上同学们斗志昂扬，气氛高涨。在长达三小时的徒步行走后，同学们到达了烧烤场地，各班各组分配好任务，同学们自己动手，烤制美食。开心大餐后，各班开展了丰富多彩的综合实践活动：有的开展写生比赛，描画大夫山风景；有的考察山形山貌，描绘大夫山路线；有的辨别野外植物……

突然，正在观察植物的小林同学不小心摔了一跤，膝盖渗出了血，旁边的同学赶忙把他扶到一旁坐下。班主任陈老师知道之后，让同学们原地休息，赶紧找到随队的校医，帮忙处理小林同学的伤口。队伍再度出发下山的时候，旁边的同学争相为小林同学背书包，搀扶他顺利回家。

短短的一天时间在大家的欢声笑语中流过，师生在依依不舍中合影留念，活动圆满结束。大夫山实践行动是侨联中学立品社会实践活动的一个小缩影，拉近了师生之间的距离，丰富了学生的学习生活，发扬了互助、友爱、团结的集体主义精神，培养了学生吃苦耐劳的品格，磨炼了他们的精神意志，成为学生们初中生活中难忘的美好记忆。

学生在不同年龄阶段具有不同的身心发展特点，组织八年级学生进行徒步大夫山活动，我是经过科学考量的。根据各年级学生的学习与成长的实际情况，我为不同年级的学生设置不同主题的德育活动。七年级学生刚升入中学，好奇、好动的天性与体验式认知的学习方式有待转变，德育活动以规范养成为中心开展养成教育，如班级文化建设评比、校风校纪考查、仪容风貌整顿等，以期养成良好的行为习惯，培养正确的是非观念，为初中三年乃至一生的学习与成长打下良好的基础。八年级正是青春叛逆期，德育教育宜承上启下，在规范养成的基础上，需要持之以恒地践行，健全人格，提高抗挫折能力，以积极的心态融入集体，德育活动以身心坚韧为主题开展生命教育，如登山运动、长途拉练、集体野炊、团队拓展等，锻炼学生的身心，升华团队集体意识。九年级面临中考，应以人生规划及理想前途教育为主题开展成功教育，如开展百日誓师、"我有一个梦想"演讲、未来职业体验、"我与中国梦"征文等活动，引导学生树立正确的理想信念，激发对未来的憧憬，为实现人生价值而砥砺奋斗。图4-11为学生的研学实践。

图 4-11　学生的研学实践

二、红棉绽放，书香满园

欧阳修云："立身以立学为先，立学以读书为本。"读书，于每个学生而言必不可缺。书籍是人类进步的阶梯，智慧阅读，是打开认识世界的窗户。古往今来，中西内外，大千世界，芸芸众生，尽在书中矣。

读书学习活动是一项长期、有效、文明、健康的教育工程。作为校长，我经常读书，读《论语》，我收获了仁爱的智慧；读《三国演义》，我懂得了知人善用；读怀特海《教育的目的》，我懂得了教育是心与心之间的唤醒……

我读书，亦深刻明白书籍对于学生成长的重要性，校园更需要处处有书香。到侨联中学任校长后，我与同事们一起大力推动图书角的设立，不断丰富读书活动，培养学生的读书兴趣和良好的阅读习惯，努力营造"书香校园"。

我在全校各班设立班级图书角，并且在教学楼各个楼层建立楼层读书角，这些图书角有专门的图书角管理、使用规则。学校每个班都建立班级的图书角，由班级的图书管理员作为专职的图书角管理员。图书角的藏书主要以学生自发捐出和班级共同筹集经费购买的书籍为主，还有一部分"飘流"书籍。图书角的图书以适合中学生阅读的书籍为主,主要有中外名著、科普图书,以及历史、艺术类书籍等。

楼层读书角设立在教学楼的2~5楼,以"我的地盘我做主"的模式进行管理,由各楼层的班级轮流负责管理,每个班负责管理一周时间,楼层读书角的书以学校图书馆借出为主,还有报纸和各类适合中学生阅读的期刊等。

读书有益于育德、励志、启智、明史,是人的素质全面发展的重要途径之一。为引导学生养成读好书、会读书、好读书的良好习惯,不断增强校园文化的人文底蕴,努力提高学生的思想道德素质,积极打造文明向上的书香校园,结合4月23日"世界读书日",侨联中学每年都开展"尚品读书节"系列活动。表4-3为"让读书成为习惯"——市桥侨联中学2018年尚品读书节活动安排。

表4-3 "让读书成为习惯"——市桥侨联中学2018年尚品读书节活动安排

时间	内容	参与人员	组织人员	活动评价
全学期	课前一分钟演讲	全体学生	各文化学科老师	"尚品读书班级"
全学期	专题阅读训练(每星期五下午第三节阅读课)	七年级和八年级学生	七年级和八年级语文老师、英语老师	"尚品读书班级"
4—5月	倾听一本好书	全体学生	陈秀玲	
4—5月	悦读分享会	七年级和八年级学生	陈秀玲,各班班主任、语文老师	
4—5月	英语、语文手抄报(读书心得)展示	全体学生	语文老师、英语老师	"尚品读书之星"
第3周星期五	"羊城小书虫"名著阅读活动	全体学生	语文老师	"尚品读书之星"

时间	内容	参与人员	组织人员	活动评价
第7周星期三	"我有我风采"展示、英语剧、讲英语故事、英语诗歌朗诵、唱英语歌曲	七年级学生	七年级英语老师、班主任	"尚品读书之星"
第7周星期三	"诗与歌的美丽相约"唱诗会	八年级学生	七年级和八年级语文老师、班主任	"尚品读书班级"
第8周星期三	英语舞台剧、歌曲班际比赛	八年级学生	七年级和八年级英语老师、班主任	"尚品演艺之星"
第8周星期三	"天下国家"——爱国诗歌朗诵分享会	七年级学生	七年级和八年级语文老师、班主任	"尚品读书班级"

学海无涯，阅读无边。尚品读书节活动成为全体侨中学子阅读的盛事，诗歌、童话、寓言、散文、励志故事、名人名言、科普知识、经典名著等都是我们阅读的题材。每个学生在活动中可以问道孔子、孟子、王阳明、陶行知等，又可以与苏格拉底、亚里士多德、柏拉图、杜威对话，吸取古今圣贤智慧，品赏中外文明之美，尽享读书之乐。

2011年3月，侨联中学第四届读书节如期开展。番禺区教育局领导在启动仪式上做了主题发言，对侨联中学的读书节给予了充分肯定与支持。

各位同学、各位老师：

大家好！市桥侨联中学举办以"点燃读书激情，共建书香校园"为主题的第四届读书节。按照"全员参与、以校为本、师生共读、辐射家长"的思路和"内容充实、形式多样、积极创新、持之以恒"的要求，大力开展系列读书活动。在此，我代表区教育局教研室向侨联中学表示祝贺，对为此次活动投入极大热情、付出辛勤劳动的教师们表示问候，向为此次读书节献出精彩表演的同学们表示鼓励，向积极配合学校工作的各位家长表示感谢！

多年来，市桥侨联中学全体师生与时俱进，开拓创新，取得了很好的成绩，在去年书香校园评比中荣获一等奖。今年，学校又全面启动了新教育实验科研课题，以"营造书香校园"为突破口，大力推行师生读书、亲子读书等活动，通过读书活动来促进教师再学习和终身学习，在读书中反思，从而坚固专业根基，提速专业发展。让学生与好书为友，以读书长知识，以读书增智慧，以读书促养成，以读书树理想，以读书育品格。同时，通过学生与家长的读书行动营造良好的书香家庭氛围。这种做法非常好，符合新课程标准和新时代的要求，应该大范围推广。

青少年时期是一个人读书学习的黄金时期。博览群书，勇于实践，奋发有为，是有志青少年的自觉行动和不懈追求。同学们要积极参与读书活动，从读书中获得新知识，在读书中快乐成长。在此，我提三点希望。一是要经常读书，养成学习的好习惯。要把读书学习作为一种生活习惯，作为一种生活方式，作为人生成长的主旋律。唯有经常读书，与书为伴，才能积累知识、丰富阅历，不断提升自身的综合素质，打牢知识的根基。二是要多读好书，获取成长真谛，读向上之书，开卷有益。要多读名家名人的名作名篇、多读健康高雅之书，启迪智慧，拓宽视野，树立为实现理想而拼搏的坚定信念，汲取人生成功的不竭动力。三是要学以致用，立志成才。要把读书获取的知识，通过不断的思考和实践，融会贯通、学以致用，在读书中确立人生远大目标。

书是人类智慧的结晶，丰富了中华民族特有的文化底蕴。同学们，老师们，朋友们，让我们拿起书本，以知识为友，与书做伴，为中华民族的伟大复兴而共同努力！最后，祝市桥侨联中学第四届读书节圆满成功！

2017年侨联中学尚品读书节以"红棉绽放，书香满园"为主题，开展校园读书活动。读书活动以读书节为载体，使学生在参与、感受、体验中了解"我的中国梦"思想，培育理想主义情感、自觉履行责任意识，进而增强为中华民族伟大复兴而读书的教育效果。读书活动可以丰富学生的课余生活，推广普通话，规范使用文字，净化学生的精神世界，实现从"阅读"到"悦读"，营造和谐的文化氛围。

下面是"校园小记者"颜湘同学写的有关读书节的新闻报道。

市桥侨联中学的"朗读者"

2017 年 4 月 26 日，市桥侨联中学八年级全体师生在学校礼堂举行了首届以"追求"为主题的"朗读者"活动。本次别开生面的活动分为两部分。一是学生在和主持人交流自我心得体会的过程中，向广大师生分享成长经验，从而加深同学们对本次活动主题的认识。二是各班代表进行精彩的名著朗读，同学们的表现都值得称赞。表演节目丰富多彩。例如，八年级(4)班的名著朗诵《平凡的世界》(节选)，感情真挚朴实；八年级(8)班的诗歌朗诵《生如夏花》，语调抑扬顿挫，博得台下阵阵掌声；八年级(9)班的《相信未来》，动作大方得体，语句清晰流畅。生动有趣的表演艺术效果引得在场的教师和同学赞赏连连。叶校长在最后点评时说："我刚参加完英语的活动，还是我们的传统文化有魅力！"语文老师周老师在朋友圈中说："当你们精心地编剧、不懈地修改、投入地练习并沉醉于声音的艺术时，我觉得我们的教育目标达到了。所谓诗与远方，就是超越平庸，在喧嚣与拥挤中，总在追求着，坚守着。"语文老师谭老师在朋友圈中说："有时候一场演出，只要有了思想，有了高于生活的美好，哪怕灯光、音响、效果、舞台设计差一点儿都不需要太计较了。作为学校读书节系列活动之一，它真正让学生受益，让在场的每一个人有所触动。为咱们八年级语文备课组点个赞！"

本次活动的顺利举办，让传统文化、浓郁的书香弥漫在侨联校园，给同学们提供了一个展示自我语文朗诵能力的平台，并体现了侨中学子不凡的艺术气息和风采。

读书节活动，每个学校都会组织，如何做出侨联中学的特色，通过阅读真正作用于学生"立品"，我主要有以下思考。

一是加强宣传，营造氛围。通过班会、校会、午会等开展读书大讨论，利用"读书节"宣传标语、微信群、黑板报以及国旗下的讲话等形式，积极营造书香校园的良好氛围。

二是形式多样，持续开展。以学生为主体，家长、教师齐参与，把"尚品读书节"做成持续性、经常性、广泛性的常规活动。努力丰富阅读题材，开展"课前一分钟演讲""亲子阅读""图书漂流""文学常识竞赛""英语剧大赛""曲艺表演"等丰富多彩的活动。

三是凸显主体，率先垂范。要始终坚持以学生的实际需要、自我发展、自我提高为出发点，抓好读（阅读）、写（读书随笔）、讲（演讲）、赛（阅读类竞赛）、透（生活与学习相互渗透）五个环节，广泛推广普通话，规范使用文字，使读书活动在内容和方式上形成规范和特色。教师是学生的表率，用实际行动在潜移默化中感染学生。班主任要做好导读工作，认真组织好各种形式的读书活动。

四是分类指导，分层推进。七年级侧重学生阅读习惯的养成，拓展学生的阅读范围，指导学生独立阅读。八年级着重提高学生的独立阅读能力，拓宽学生的知识面，培养学生的阅读鉴赏能力。九年级在于引导学生阅读名著经典，分析文章，升华品性。另外，不断优化学校读书氛围，增强学生阅读兴趣，对读书活动常抓不懈，持之以恒。

五是整合资源，深入开展。每个班级要按学校的读书节计划制定相应的读书活动安排，开展亲子阅读，让更多学生和家长自觉参与到读书活动中。

六是及时调整，完善评价。根据活动的参与情况，评选"尚品读书班级""尚品读书之星""尚品演艺之星""尚品家庭之星"等奖项。同时，根据同学们阅读的反馈与建议，及时对个别内容、时间进行研讨与调整，查漏补缺，使活动有序、科学、有成效。

红棉绽放，书香满园。学校多年前就被授予"广州市书香校园"的称号。侨中学子阅读开放多元的题材，开展形式多样的读书活动，铭记追求真理与修身养正的本心，储备广博的知识，在知识的海洋中遨游，启迪思想，开阔眼界，不断精进。同学们通过阅读，潜移默化地涵养品行，收获满满。这是肖明月同学写的有关 2018 年尚品读书节的一则报道。

阅读经典，弘扬爱国情怀

2018 年 4 月 18 日，市桥侨联中学七年级全体师生在学校大礼堂开展了"天下国家——爱国诗文朗诵会"。在中华文明悠久的历史中，爱国主义精神一直是中华民族得以生存和发展的强大动力。本次活动，积极响应习主席的号召，在"新时代，新征程"中，弘扬爱国主义精神，进一步践行社会主义核心价值观。

七年级各班同学均全力以赴，深情朗诵，精彩演绎激情澎湃的爱国诗文，展现了新时代学生饱满的爱国情怀和多才多艺的蓬勃朝气。(8)班的同学将《离骚》《满江红》《少年中国说》等十篇爱国作品进行改编组合；(1)班与(7)班的同学现场钢琴伴奏，震撼全场；(3)班的同学还自创了《祖国颂》；(4)班的同学则以传统的读书方式——吟诵，传颂屈原经典诗歌《橘颂》。

活动快要接近尾声时，大家迎来了一个大"彩蛋"——将要退休的叶老师为大家表演了中国舞。大家在击掌喝彩的同时，向这位老师表达了敬意。在爱国教育上，每位教师都功不可没。通过这次活动，全级师生都受到教育，大家被前辈的爱国之心与报国之志深深感动。

"最是书香能致远。"阅读，给予我们力量。当同学们都捧起一本好书，与知识为友，与智慧为友，与真理为友，静心阅读，充实自己时，那就是校园最亮丽的风景。

三、红棉文化，立品舞台

阳春三月，红棉盛开。侨联中学迎来了第二届红棉文化节，这次的主题是"凝练红棉厚蕴，绽放立品风采"。在开幕式上，我热情洋溢地致辞：

红棉，是广州的市花，又称英雄树，象征着岭南精神，其精神得到侨联中学师生的广泛认同，是我们学校文化立校的精神载体。学校"立品教育"的提炼基于红棉文化，红棉文化又源于岭南文化。红棉文化节，将红棉的精神理念与校园文化结合起来，使每一个同学在文化浸润中绽放品格。

在广州"好教育"教育理念下，学校积极开展"立品教育"，已连续十多年荣获番禺区初中毕业班工作一等奖，学校已在 2014 年被评为"广州市义务教育阶段特色学校"（番禺区最早获得此荣誉的两所中学之一），教育教学质量走在番禺区前列，美术、科技、国学、心理健康、综合实践等教育特色明显。现在，红棉文化节的举办将进一步拓展"立品教育"升级版，进一步深化学生核心素养，丰富校园文化生活，并进一步促进德才兼备、全面发展且有个性特长的现代公民这一培养目标的实现。

......

一年一度的红棉文化节，为期一个多月，每年 3—4 月开展，此时校园红棉盛放，花红草绿，春意盎然。文化节活动内容丰富，形式多样，有红棉摄影大赛、千人书画作品展、名家进校园讲堂、立品义卖、尚品读书节、美术特长生作品展、社团展示及立品大舞台等多项特色活动，活动的开展将充分展现学校师生所具有的红棉神韵和风骨，全面展示学生的个人风采。表 4-4 为红棉文化节活动安排。

表 4-4 红棉文化节活动安排

时间	内容	负责人	参与人员
第 3 周	开幕式动员讲话暨文化节开幕式	叶校长	全体师生
第 3 周	红棉摄影大赛	陆凯云、周敏杰、吴铭超	全体师生
第 4 周	千人书画作品展	何立丰、农文光	全体学生
第 4 周	名家进校园讲堂	何立丰	特长生

续表

时间	内容	负责人	参与人员
第5周	立品义卖活动	陆凯云	全体师生
第5—8周	尚品读书节活动	张楚锋、周淑梅、陈小青、陈秀玲	全体师生及家长
第8周	美术特长生作品展	陈校、何立丰、梁健	特长生、家长代表（地点：星海青少宫）
第8周	社团展示活动	麦校长、韩万钧	七年级、八年级学生
第9周	立品大舞台暨闭幕式	麦校长、韩万钧	全体师生及家长代表

每年的红棉文化节都令全校师生无比盼望，大家均早做准备，以期届时大显身手。有教师在工作笔记中做了如下记录。

一天，八年级(3)班的班主任陈老师早自习的时候来到班里，对同学们说道："红棉文化节要到了，除社团节目之外，立品大舞台我们如何展示？各位同学有什么好的节目推荐？这可是展现班级风采，争取班级荣誉的好时机啊！"话音刚落，同学们开始出各种主意，有说唱歌的，有说朗诵的，有说跳舞的，好不热闹。陈老师听完大家的意见后，笑着说道："其实我有一个想法，就是结合我们的语文课本，用大家都熟悉的故事进行自编自演，排练一个话剧怎么样？比如，经典的《从百草园到三味书屋》，相信很多同学都偷偷在课桌上刻下了'早'字。"同学们纷纷同意，个个摩拳擦掌，跃跃欲试。

这样的场景发生在侨联中学七年级、八年级的各个班。丰富的校园生活是精彩校园文化的重要组成部分，舞台是展现学生风采，培养学生自信与团队精神的重要阵地，我对立品大舞台的设置情有独钟。

2017年10月，为培养学生的表演能力和创造能力，给学生一个展示自我的平台，展现当代学生的艺术才能和风采，活跃校园文艺生活，学校举行了第三届"立品大舞台"展演活动。七年级、八年级以班为单位参加了展演。参加展演的节目形式多样，精彩纷呈，有独唱、对唱、重唱、小组唱、乐器演奏、舞蹈、健美操、相声、小品、魔术、武术、课本剧等(见图 4-12)。

图 4-12　学生表演英语课本剧

在参加展演的几天里，侨中学子精心打造的舞台剧呈现了震撼之美，或许是内涵，或许是形式，或许是耐人回味的意蕴。学生寓学于乐，使课本内容与话剧融为一体，从中学习到不少新的知识。舞台剧还锻炼了学生的语言表达能力，帮助其树立起自信心，培养了团队协作精神。学生品质的培养，不是无根之物、无源之水，"立品"教育办学特色建立在侨联中学一系列特色课程的基础上，而这些主题的提炼、衍生又源自我校的各项专项特色活动和社团活动，具有广泛的群众性和独特的校本性。

侨联中学每学年举办校园读书节、辩论节、环保周、科技节、体育艺术节、红棉文化节等各项校园文化活动，涌现出市级"侨声文学社""红棉书画社"等优秀社团。这些具有社会影响力的学生社团、兴趣小组活动，既激发了学生的创造能力，又培养了学生的创新精神和团队合作精神，成果突出，在各级各类比赛中均取得了优异的成绩，成为侨联中学一张亮丽的名片，其中环境、科技、心理健康、安全、艺术、国学、综合实践等相关项目教育让学校成为省市的示范校或重点基地学校。

比如，我校综合实践活动课程成果显著，2010 年，由侨联中学周淑梅老师执教的综合实践课例在全国第十届综合实践现场会上得到展示，并荣获课例评比一等奖，我本人的论文《农村初中综合实践活动课程开发与实施策略》也获论文评比一等奖。2012 年，广州市综合实践现场会在侨联中学召开，极大鼓舞了全校师生特色发展的士气，同时也是对学校积极开展素质教育的充分肯定。

四、缤纷社团，精彩校园

在 2010 年广东省青少年科技教育研讨会上，我的教育叙事文章《我与科技共成长》有幸得到了分享。

科技是第一生产力。科技发展水平的高低，将衡量一个国家的经济发展水平。科技发展在于人才，人才培养在于教育。抓好科技教育是促进国家科技发展的关键。因此，抓好科技教育对教育工作者来说既是重要的也是非常必要的。

十多年前，我有幸认识了退休后热心于科技教育而又非常和蔼可亲的黄钧燊教授，他引领着我们在大石、在番禺开启科技教育之路。人们从不接纳到接纳，学校从不重视到重视，教师从不懂开展到常态开展，过程是艰辛的，但成绩是喜人的。一是促进了我及所在学校的发展，二是促进了番禺大批科技教育教师的成长，三是促进了番禺一批学校走向特色发展，四是促进了番禺学生的科学素养发展……

我与科技教育的故事很多，感想也很多。在此，我想从校长的角度谈几点，希望对更多同行、更多学校有所启发，有一点点帮助。

一是校长要重视科技教育工作。学校工作千头万绪，如果校长想让学生有更好的科学素养，想让学生有更多的创造力，那就重视科技教育。校长重视了，才会在计划里写出来，列入预算经费中；才会重视科学教师，重视科技创新；才会开展科技活动，开发科普校本教材。一句话，只有重视了，才会有过程、有结果。

二是学校有一套完善的科技教育管理机制。例如，在组织架构上，校长作为组长要亲自抓，下有行政具体落实各具体项目，如科技小制作、科学小论文、科幻绘画、科学实践等都有专人负责。在日常管理中，有科技教育发展机制，有科技教育学年计划，有科技节方案，有科技各专项活动方案等，以及人员管理和检查评价。在激励手段上，制订科技方面的专项奖励方案(学生及教师)，为科技辅导教师提供更多学习与培训的机会，优先考虑他们的晋升、评优评先。又如，通过学校及教师个人申报科技方面的课题，促进学校科技教育的纵深发展；通过开发科技教育的校本教材，常态化开展科技教育。再如，挖掘及利用好家长、社区资源，如基地、厂矿、科研机构等，促进学校科技教育发展。

三是培养一批科技教育骨干教师。从我所任教过的学校来看，有一批科技教育骨干教师是学校科技教育发展的关键。校长一要发掘一些在化学、生物、物理、信息等方面有爱好、有钻研的教师，然后进行培养；二要引进一两个在科学普及或科技创新方面有能力的科学教师。在教师培养上，既要邀请大学、科研机构专家对学校教师进行指导、培训，又要促进教师自身的学习成长，还要给他们发展的平台。例如，我任教的两所学校就聘请了广州大学关工委以黄钧燊教授为首的一批教授为指导教师，他们每学期积极来学校指导师生开展科技活动，并带来学生辅导团。正是他们的帮助和指导，学校才走向了特色发展之路。

另外，用好高校大学生科技辅导团。这是一批义务性质的科技辅导员，他们牺牲节假日，用专业的知识和前沿的科学知识指导学生开展科技活动和科技创新，提高学生科学素养。例如，开展"环保知识进校园"活动、举办科普知识讲座等，大学生与中学生更容易交流。

当然，能得到当地科学技术协会等部门的支持，将更有利于学校开展科技教育，有利于学校发展科技特色。

我们都知道科技创造未来。侨联中学在立品教育理念下，以"人文关怀，内涵发展，精品校园，品牌侨中"为发展思路，以有特色的标准化优质学校为发展目标，大力发展科技教育，培养可持续发展的学生，积极为学生搭建平台，持续开展科技考察活动，推进学校科技教育的良性发展。通过社团活动、兴趣小组、科技创新小组、环保小组等，学校探索科技活动与综合实践活动课程相结合的有效方法，探索科技教育常态化的有效途径，开展有效的校本课程教育，开发《人与自然》《科技创新》《环境教育》等校本教材，汇编《市桥侨联中学科技教育活动案例集》及有关学校科技教育的综合实践案例若干。

在区教育局指导下，我校与区科信局、区科学技术协会、广州大学等单位建立友好合作关系，并得到他们的大力帮助和支持，顺利开展校外科技实践活动，让学生在开放的环境中进行科技教育。

学校每年举行科技文化节，各科组结合各自特点开展丰富的校园科技文化活动，激发学生学习科学的热情。学校还利用各种机会进行环境科技教育，培养学生的环保意识，把科技教育推向制度化、普及化、课程化和品牌化。

学校积极组织学生参加广州市中小学生"我的环保日"演讲比赛、科技夏令营活动和科技创新大赛等，成绩突出，连续多年荣获番禺区科技创新大赛优秀组织奖，并被授予"广州市中小学科技项目特色学校"称号。

2014年，侨联中学有幸承办了广州市"全国科普日"宣传活动，除了各学科的科技项目展示外，还有学校层面的名家讲堂、科普知识宣传、科普知识竞赛及科普大篷车展示等。

"哇，科普大篷车走进了我们学校，快去看看！"

"好像还有很多仪器，你看有地动仪、天文望远镜。那个是什么呢？快去看看！"

一下课，各班的学生纷纷涌向广场去观看科普大篷车现场展示。

星期四下午社团课时间，我顺道去观摩，不自觉地沉浸在热闹的氛围中。看着学生们精彩的作品展示，小观众兴高采烈地探讨着，那和谐融洽的氛围令我倍感欣慰。八年级的许佳宁同学告诉我："来到漫画社团，自己就像走在成为漫画家的梦想之路上，感觉十分幸福。我在这里学习了许多知识，无论是人体素描还是透视技法，全都深深印在我的脑海里，使我受益匪浅。"红棉书画社的刘雯见到我异常兴奋，掩不住对书画社的喜爱，说："在社团里，我懂得了拼搏，与同伴一起竞争，与同伴一起进步。我懂得了坚持，懂得了什么叫作日日夜夜的练习，哪怕是手指酸痛，眼睛干涩，我们也不放弃，还是埋头苦干下去。我懂得了什么叫作真正的快乐，在完成一张不错的画时，在得到同学的赞美时，我的心里甜滋滋的，辛苦并快乐着。"

侨联中学通过举办各式各样的社团活动，丰富学生的课余文化生活，为学生的成长提供了广阔的平台，让每个学生都拥有自己独特的"艺品"。

每年开学季的社团招新日，对于每个刚入学的新生来说都是重要的日子。在当天，学校运动场的各个角落人声鼎沸，30多个社团各显其能，充分展示自己的作品，宣传自己的社团。奇想立智社、逸思漫画社、行思大学社、侨声文学社、红棉诗社、立品棋社、红棉书画社、读书俱乐部、爱迪生科创社……社团种类繁多，令人目不暇接。在运营好自己"摊位"的同时，社员们流动作战，精彩展示，努力吸引更多的新生加入。新生们则摩拳擦掌，跃跃欲试，生怕错过了自己喜欢的社团。

怀特海提出：教育只有一个主题，那就是多彩多姿的生活。[①] 在立品教育办学特色的统领下，作为校长，我始终重视在活动中陶冶品性来立学生之品。社团活动发挥着重要的育人作用，进一步丰富了学生的业余生活，加强了学生之间的交流，使他们学会团结，懂得分享，放松身心，有利于他们更好地投入学习之中。通过与现实相结合的实践方式，每个学生自主提出问题，自主规划方案，自主解决问题和评价、反思，更有效率地掌握学科知识，并在此过程中培养社会技能，把所学知识运用于实践，凸显知行合一，学有所用，用有所成。侨联中学部分社团见表4-5。

---

① ［英］怀特海：《教育的目的》，庄莲平、王立中译，9页，上海，文汇出版社，2012。

山的那一边

表 4-5　侨联中学部分社团

社团名称	关键词	人数/人	主要内容	课程与教材
奇想立智社	猜谜、创意、妙想	15～20	开展趣速竞猜游戏、脑筋急转弯比赛、协作创意活动，创意作品用以展览或装饰校园	《奇想立智》
逸思漫画社	漫画、雅集	20～30	开展漫画培训、漫画展览，通过征集制作漫画杂志	《逸思漫画教程》
行思大学社	经典国学、哲学、辩论	20～30	关注自然、社会、生活、时政，践行自己认定的真理，筹办辩论赛和行思大讲堂	《行思习录》
侨声文学社	文学、创作	20～30	收集、欣赏和创作，组织征文大赛，负责文学期刊编辑，举办创作讲座	《文学与写作》
红棉诗社	诗词、现当代诗歌	20～30	举办诗会，制作诗配乐，组织画音（诗朗诵配画）欣赏分享会，举办诗词创作大赛	《历代诗选》《中国诗学》
立品棋社	象棋、围棋	30～40	比拼棋艺，普及棋艺知识，组织棋艺比赛	《象棋》《围棋》《残局》
影视欣赏社	电影、微电影、影评	50～80	欣赏中外名片，撰写影评	网络
无线电俱乐部	无线电、测向、越野	15～20	开展无线电测向训练及越野活动，参加省市级比赛	比赛规则
水电木维修社	水、电、木、维修	20～30	学习家居水、电、木等的一些维修常识及实践	《家居维修常识》

续表

社团名称	关键词	人数/人	主要内容	课程与教材
食神烹饪社	烹饪	15～20	学习家居日常生活的烹饪技能，文化节展示	《烹饪常识》
摄影艺术社	摄影、欣赏	15～20	摄影基本常识学习，实践，作品欣赏	摄影常识
足球小将队	足球	30～40	开展足球训练，积极参加各类比赛	《足球训练教程》
羽你同行队	羽毛球	15～20	开展羽毛球训练，积极参加各类比赛	羽毛球技能
至尊篮球队	篮球	20～30	开展篮球训练，积极参加各类比赛	篮球技能
乒乓王国队	乒乓球	15～20	开展乒乓球训练，积极参加各类比赛	乒乓球技能
田径飞人队	跑、跳、投	20～30	开展田径训练，积极参加各类比赛	田径项目技能
论语研读社	论语、研读	20～30	学习《论语》，吸取精华，提升文化底蕴	《论语研读》
走进名人社	名人、成长	30～40	学习国内外名人成长史，学习名人优良品格，激发奋斗动力	《名人录》
创客俱乐部	3D、机器人、无人机	20～30	开展学生最前沿科技教育，通过3D、无人机等实践提升科学素养及创新能力	网络
DI(头脑创新)剧场	OM（头脑奥林匹克）、DI思维	15～20	开展OM、DI训练，拓展学生思维，参加省市、国家、国际大赛	《OM、DI思维创新》

社团名称	关键词	人数/人	主要内容	课程与教材
爱迪生科创社	科技、发明创造、工艺模型	15～20	阅读科普书籍，制作科技小发明，举办科技节项目和参加创新大赛	《科技创新》
科幻绘画社	科幻画、创新	15～20	学习、欣赏科幻画，创作科幻画，参加创新大赛	《科技创新》
三品黏土社	黏土、创作	20～30	学习美术基础知识，用黏土开展创作，在文化节上展示成果	《黏土创作》
红棉书画社	书法、水墨画	20～30	进一步学习书法、水墨画，组织书画大赛，举办书画展，收集经典作品制作画册	《书画基础教程》
读书俱乐部	读经典、名著	20～30	开展阅读，组织读书节、阅读分享会（PPT讲解）	《立品必读》
艺术团	音乐、舞蹈、表演	20～30	进行各项艺术门类的练习，承办艺术节、文化节项目	《名家名曲》
小小主持人社	能说会写、主持	15～20	学习主持人基本常识，主持班级、年级、校级节目	主持人常识
绿色行动社	环保、低碳	15～20	践行低碳生活，关注环境问题，宣传环保理念，到社会中去发现和解决环保问题等	《环境教育》
小军人少警队	忠诚、正义、奉献、表率	20～25	开展升旗手训练，学习礼仪常识，参加文明使者实践	军训常识、礼仪常识

五、研学旅行，世界有我

2014 年 8 月暑假，连南瑶族自治县迎来了侨联中学侨声文学社为期三天的"走进连南，情系山区"采风活动。连南瑶族自治县位于广东省西北部，那里群山环绕，景色优美，是个瑶族聚居区。在连绵百里的雄山峻岭上，到处是瑶族村寨。瑶族服饰瑰丽多姿，瑶族歌舞意味悠长，瑶族人民热情好客，这些都为学生提供了丰富的采风题材。学生们亲身体会了山区孩子艰辛的生活与劳作，大大丰富了暑期生活，收获了不平凡的体验……

北京大学未名湖畔，侨联中学学子一睹名校风采，感受名校气息与内涵，接受高校氛围熏陶。站在梦想中的校园，学生们感慨万千："这是仰慕已久的高等学府，虽只是在这里游览感受一下，但已令人心灵受到震动。"校园神圣美丽，学生博闻多识，文化氛围厚重浓郁，这里的一切影响着侨联中学学生。他们对这里十分向往，从此种下一颗梦想的种子，激励自己好好学习，树立远大的理想……

广州黄埔军校旧址，一支侨联中学学子队伍在瞻仰参观。学生们仿佛回到英雄辈出的年代，探寻辉煌军校的足迹。虽然只有短短几个小时的参观时间，但是带给学生们精神上的触动和感悟却可以一直延续到人生未来漫长的岁月中，引导他们形成正确的人生观、价值观。"革命尚未成功，同志仍须努力"，那振聋发聩的声音，久久萦绕在学生们耳畔。爱国主义历来是动员和鼓舞中国人民团结奋斗的一面旗帜，侨联中学定期组织学生参观爱国主义基地，以高尚的爱国主义精神引领人，让红色精神在校园绽放，使学生情感得到陶冶，心灵得到升华，精神得到激励，增强他们的爱国主义意识、团结意识和发展意识，使每个侨中学子始终保持昂扬向上的精神状态，不断增强他们的进取精神，激励他们为实现伟大的中国梦而奋斗……

香港太平山，夜幕降临，点点星光散落一地。在漆黑中，参加历奇之旅的侨中学子正在挑战自己，在没有灯、没有导师陪伴的情况下，两个人结伴走完一段路程。那是一条少有人走的公路，两旁路灯依稀亮着。他们一步一步艰难地往入口挪，渐渐地消失于黑暗中。在昏暗的环境下，两个人紧紧牵着的手，一刻都没有松开。人生中第一次夜行，就在这样恐惧、害怕，却又有同伴的鼓励中进行。人生或许就这样，一路磕磕绊绊地走来。历奇之旅锻炼了学生们的勇气，增进了他们的友谊，使他们勇敢地面对人生道路上的风雨……

"读万卷书，行万里路。"校外研学成为素质教育的新内容和新方式，有利于提升中学生的自理能力、创新精神和实践能力。用心去观察，用手去操作，用脚去行走；不停地探索，不断地创造，持续地感受、总结、反思：这就是体验。真正的体验教育，意味着改变僵化的教育模式；意味着激活学生心智，激发学生兴趣，激励学生成长；意味着让学生成为自己生命成长的主人。

在开放的全环境中育人，研学成为重要的第二课程。作为行走的课堂，研学旅行提供给学生一个走出校园，把上课学到的知识运用在实际生活中的机会，加深学生对课堂知识的理解。我十分重视研学旅行的育人作用，侨联中学每年都会制订详细的研学旅行计划，并委派专业的教师进行服务，对接社区、家庭等资源，在行走的过程中立学生之"品"。让学生在与平常不同的生活中拓宽视野、丰富知识，加深与自然和文化的亲近感，增加对集体生活方式和社会公共道德的体验。侨联中学鼓励学生与社会进行多层次、多方位联系，在现实的社会生活中扩展自己的成长空间。

境外研学活动是加强国际理解教育的重要途径之一，也是全面提升中小学素质教育的重要载体。游学可以促进文明的对话，提高学生的语言能力，开阔其视野，培养其独立的人格品质，使其体验多元文化。现代教育意义上的游学，是 20 世纪随着世界和平潮流发展进程而产生，并逐渐成熟的一种国际性跨文化体验式教育模式（Experiential Learning Model）。积极鼓励并正确引导青年学生，到人类不同文明的文化环境中去探访，通过亲自体验去学习和理解非母语或非本地的文化历史传统，同时强化、提高外语水平。通过境外游学活动，学生不仅能深刻了解异域风情，而且能更自信地展示中华文化，在中外文化的交融中获得成长，为成长为有责任、有担当的人奠基。

　　我到侨联中学后，一直重视加强国际教育交流力度，加强对组织境外研学活动的学校管理和指导，先后组织学生到英国、澳大利亚等地进行研学活动（见图 4-13）。每一次的活动，我都会争取亲自组织，派出骨干教师带队，期待学生在国际社会中升华自己的品质。

图 4-13　学生在境外研学

　　前往英国、澳大利亚进行教育研学交流，使师生面向世界、开阔视野、增广见闻、锻炼能力，以及促进文化交流。研学期间，学生学习了英语口语，了解了当地的文化和教育状况；住在当地人家里，在真实的语言环境中，在学校组织和周末自费出游的活动中，学生对当地的风土人情有了更深的体会。

　　英国和澳大利亚文化元素丰富，学生入住当地家庭感受当地文化与风俗。周末组织外出旅游，学生观赏和领略不同国家优美的自然风光。国际研学拓宽了学生的国际视野，丰富了学生的人生阅历，增强了学生的主动性，培养了其个性以及国际化、多元化的文化理念和思维习惯；训练相对独立生存能力、相对自主理财能力，使他们自己学会和思考怎样与人合作。学生参加当地的语言培训课程，当地教师的授课使学生感受到了西方独特的英语教学风格和英语学习氛围，提升了学生对外国学校、教育模式和教学质量的感性认识，有效地提高了学生的英语语言能力。

"纸上得来终觉浅，绝知此事要躬行。"在澳大利亚期间，学生们学习了地道的英语口语，了解了当地文化和教育状况，体验了当地的风土人情。

学生和带队教师都分别住寄宿家庭，睡觉时只有通向外面的房门上锁，卧室的门都没有锁。大家习惯各进各的房间，如果要进别人的房间，一定要敲门或打招呼。看到毫不设防的大门和前后花园，有同学改写了叶绍翁的《游园不值》，将当地居民生活之趣真实地展现出来。

应怜屐齿印苍苔，

小扣柴扉久不开。

春色满园关不住，

一只袋鼠跑出来。

"受光于庭户见一堂，受光于天下照四方。"每个人都是开放世界的一分子，我期待每个学生都怀有家国情怀，拥抱整个世界，视自己为世界地球村的一分子，更以自我的成长与贡献，为这个世界增添一抹亮丽的色彩。青少年朝气蓬勃，充满着无限的想象与力量，侨中学子从这里走向世界和未来，以持续的文化自信向世界弘扬中华文明，展现侨中学子风采，让世界因我而更精彩。

学校除了组织学生对外研学交流外，还采取请进来的办法，邀请美国、英国等国家的校长、教师、学生走进侨联中学，与侨联中学师生面对面交流，让侨联中学的师生进一步了解、学习国外的优秀文化，也让国外友人深入了解、学习中国优秀文化，从而促进世界文化交流，拓宽师生国际视野，提升自身文化素养，做一个面向世界的人。图 4-14 为学生参观剑桥大学。

从大夫山立品实践行起步，经过尚品读书节、红棉文化节，以及丰富多彩的社团活动和境外研学活动，侨中学子一路前行，一路攀登，收

图 4-14　学生参观剑桥大学

获满满。那山虽云烟氤氲，但景色优美，或隐或现，或飘或舞，多姿多彩，别有意韵。

第三节　山气，在和谐关系中生成

山并不是独立存在的。正因为有阳光的沐浴、云霞的蒸腾、山风的抚慰，山才有了自己的气度。学校发展亦如此，只有在与周围环境的和谐相处中，其独特的气质才会展现出来。校长要有效整合家长、社区及社会资源，为师生、为学校、为社会服务，促进学生健康成长，促进学校优质发展，促进社会和谐幸福，实现共育共赢。在我的教育实践经历中，构建和谐的校外关系，始终是我关注的工作重点。

一、不一样的家长会

在大石二中工作早期，作为班主任，我接手了一个七年级的新班级。

学校的生源大都是农村孩子，学生平时在校的学习态度和纪律都比较散漫。学生家长以农民居多，平时忙于农活，疏于对孩子的管理，并且有一种"把孩子交到学校，教育的责任就在学校"的观念。家长几乎不和班主任或其他教师主动联系，个别约谈也是难上加难。我知道，在这样的班级做班主任，难度很大，但反过来，我认为这样的班级更需要一位好班主任。

每次的学生工作，我都跟得很细，学生的学习和生活状态，是我关注的重点。对于他们学习上的困难和生活上的困惑，有些我可以帮助或者疏导，有些却需要和家长沟通，需要家长配合，因此，召开家长会是我实施班务管理措施的重头戏。

为此，根据学生的实际情况，我精心策划了一次家长会，希望能通过这次家长会，与家长深入沟通，达到家校合力的最大化。家长会召开的前几天，我口头通知学生，并下发了家长会书面通知。我认真准备会议的内容，精心布置场地，连饮用水都准备好了。"万事俱备，只欠东风。"

没想到的是，家长会当晚，定好的时间已经过了很久，到会的家长却寥寥无几，这对第一次召开本班家长会的我来说，确实出乎意料，令人沮丧。按照我的理解，没有哪个家长会不重视自己的孩子。一学期过半，第一次家长会，就有那么多人迟到或者不到，我始料未及。我按捺着性子，又等了半小时，才稀稀拉拉来了不过半数的家长。到会的家长有的穿着拖鞋，有的叼着烟，真正摆正开会态度的家长寥寥可数。看到这样的情形，当晚家长会的效果就可想而知了。

也许，对于某些教师而言，看到这样的情形，第一反应是指责家长，因此也就可以顺理成章地把对学生的教育效果不好归咎于家长。但我不会简单归因，轻言放弃。因为我深知没有家长的支持与配合，家校的教育步伐不一致，所有的教育工作都会大打折扣。所以我决定重新规划工作思路，以家长会为切入口，整肃班级内学生和家长的观念、意识和行为，改变他们散漫、随意的态度。

首先，只有找到背后的原因，才能找到解决的办法。为此，我专门给部分学生、家长打电话了解情况，看看当天的家长会，缺席的家长们因为什么没有参加。后来，我了解到的情况大概如下。一是部分家长因工作原因未能到校。他们一般工作时间较长，而且因为大石毗邻广州城区，很多家长都在广州打工谋生，一般回到家的时间都较晚。加上吃饭和稍作休息，能准时参加家长会的可能性就不大了。二是很多家长对家长会不重视，认为开家长会就是走过场，而且把孩子送到学校读书，教师应该是孩子教育的主力军，教师有能力教好孩子，家长没什么作用。三是很多家长错误地把知识传授和教育等同起来，认为自己文化程度不高，孩子读到初中，很多知识已经不是父母能够辅导的了，并把教育的责任寄托在教师身上。以上种种，都是家长不重视家长会的重要原因。单纯的召集和宣讲，对于改变家长观念的作用非常有限。所以，我决定另辟蹊径，再想办法。

其次，根据学校所处的地域及当地文化习性特点，结合家长的实际困难，我决定采取三个措施重新召开家长会。一是联系学生所属村的"重要人物"负责召集家长开会；二是把开会地点定在村里的民宅而非学校；三是适当推迟家长会的召开时间，尽量等家长吃完晚饭后才开始。

说做就做。我利用课余时间到村里走访，调动家长资源，与村干部或村里有名望的长辈取得联系，主动和他们沟通，说明自己的身份和教育意图，争取他们的支持。一开始，他们对于我的到来还很意外，觉得这是学校的事情，在学校里组织完成即可。当我耐心地向他们解释家长的实际困难以及家长会的意义后，他们十分理解并支持我的举动，积极主动地找到我班的家长（特别是没到的家长）做思想工作，并召集大家在约定的时间，在某个村民的家中再开一次家长会，并要求家长和孩子一同参加。

最后，这个特殊的家长会在大家的共同努力下，在某个村民家中如期进行。后来，我发现这种方式对家长会的成功举办很有好处，家长们在家门口与乡邻一起谈论孩子的教育，这种方式更容易被家长接受，也能相互督促；把教育变成拉家常，也会更加温暖和接地气；学生在场，教育的效果更加明显，我当着家长和学生的面说出的建议，以后也更容易被执行。也许是我的诚意打动了家长和学生，也许是因为村里这群有权威的人极力促成这件事，那天晚上家长和学生都如约而至，基本到齐，与上次有着鲜明的对比，而且从他们的言行中，我能体会到家长态度的变化。

我在家长会上向家长汇报了学生在学校的情况，对学生们的长处一一赞扬，还指出他们存在的一些问题，从发展的角度和他们讨论家庭教育与学校教育结合的必要性，尽量使用朴素的、他们可以接受的语言。"在孩子的成长过程中，家长不能缺席，必须全力配合学校完成教育的任务""我对着你们的孩子三年，你们对着他们一辈子"，"希望十年后，他们能成为每个家庭的顶梁柱"……类似的话，打动了在场家长和学生的心。他们在我的期望和鼓励下重新审视自己，大家的心融合在了一起。这个班级的家校合作，从这个不一样的家长会开始。

这次之后，我明显感觉到班里的学生更上进了。也许他们希望给自己的父母一个希望，也许他们憧憬学校为他们的前程设想，有了奋斗的动力。此后的学习中，他们虽然和番禺城区的学生比仍然有差距，但是和同类型学校的学生相比，他们却渐渐显露出优势。有时，当他们思想有波动、习惯有反复、成绩有起伏的时候，我会及时和家长一起做他们的工作，从思想上和行为上慢慢纠正，使他们能尽可能往积极的方向发展。整个班级呈现出一种积极向上的态势。

这是我带的从七年级到九年级完整的一届学生。三年之后的中考，他们考出学校历史以来的最好水平，本班总平均分高出年级平均分二十多分。在以往每年，整个学校只有一到两个学生考上仲元中学、番禺师范等优质学校，而我班学生毕业的时候，仅一个班就有五个学生的分数超过了仲元中学、番禺师范的分数线。同样在那一年，由于工作出色，我被评为"番禺区优秀教师"。

我深深地领悟到：一位教师，如果想把工作做好，只靠自己的热情是不够的。在教育教学过程中，教师要讲究管理方法。不抱怨、不推诿，主动承担责任，这是做好工作的第一步；结合实际，从实际出发，换位思考，灵活处理，是第二步。坚定目标，锲而不舍、求实创新的精神，则应该是始终贯穿在班级管理理念中的关键。

"不一样的班会课"只是我在班级管理当中因势利导、积极创新的一次尝试，在之后的管理过程中，无论是班级管理、年级管理还是学校管理，我都始终坚持科学的管理理念，探索一条属于自己的个性化管理的道路。

二、家校关系，因合作而和谐

2017 年 5 月，母亲节的下午，侨联中学八年级（2）班的家长会热闹而温馨地开展。班主任陈老师在母亲节前夕就与学生商定在这个特殊的日子组织一次家长会，引导学生感恩父母的同时，使家长深入参与学生的教育，家校携手呵护学生的健康成长。家长会定在下午 3 点，我提前来到了现场，看到学生们积极装饰平常学习的教室，倍感欣慰。有的学生负责吹气球，有的学生负责写黑板报，有的学生负责打扫教室卫生，有的学生负责搬动桌椅，他们井井有条地做着准备工作。部分家长也陆陆续续来到学校，相互拉拉家常，聊聊孩子最近的学习情况。所有家长都到齐后，陈老师致辞："感谢各位家长能在百忙之中参加这次家长会，今天正好是母亲节，在这里首先祝福各位妈妈节日快乐。在这个特殊的日子里，我们组织这次温馨的家长会，希望各位妈妈都能度过一个难忘的母亲节，也希望和大家一起交流孩子成长历程中的收获与困惑，为孩子的教育打开新的局面……"

家长会的第一个流程是家长静静地阅读学生写的"致爸爸妈妈的一封信"，看着孩子最想对父母说的话或平时不敢表达出来的心里话，伴随着轻柔的音乐，不少母亲暗暗流下热泪，也有不少父亲热泪盈眶。之后，父母马上回写一封信给孩子，看着他们认真地书写，我想信笺上一定是真情流露的感人话语。第二个流程是学生们的才艺表演，学生们先后表演了歌曲合唱《世上只有妈妈好》《烛光里的妈妈》及诗朗诵《致我的妈妈》等。我印象最为深刻的是刘同学朗读自己写的《致我的妈妈》，诗中的一字一句都饱含对妈妈的爱，令人感动。第三个流程是赠送鲜花活动，学生郑重地把美丽的鲜花送给自己的母亲，并深深地鞠躬，向母亲感恩致谢。最后一个流程是亲子交流会，当看到学生、家长将彼此间的抱怨、不满，借由倾诉与沟通转化为无声的拥抱和亲切的微笑时，我和参会的教师们亦深深地受到感动和启发：良好的倾诉和沟通是促进亲子交流的好方法。

　　家长会结束后，一位家长在走廊里对我说道："叶校长，这次家长会很温馨，很令人感动，非常感谢学校。我工作比较忙，平时与孩子交流不深入，这次孩子的表现让我感受到她对我的爱，身为父母我十分惭愧对孩子的关心不够，没有走进孩子的内心世界，往往只是一味地要求她好好学习。这次家长会使我深刻意识到自己的不称职，我会好好思考如何对待孩子的教育问题，很感谢你们。"图 4-15 为家长学堂——感恩教育活动现场。

图 4-15　家长学堂——感恩教育活动现场

　　当然，一次集中的家长会，虽不可能解决和解答所有的问题和疑惑，但可以引起家长的重视与反思。我相信经过适时的会后回访或跟进，教师和家长可以更好地配合。一天，在学校的微信群里出现了几张七年级教师家访的相片，但跟以往不太一样。以往通常是一两位教师去一个学生家里家访，而现在见到的是一位班主任及一两位任课教师与七八位家长在座谈，旁边还有学生。这就是我们在传统个别学生家访基础上创新的家访模式。班主任及一两位教师去一个片或者一个区域的某一位学生家里，然后附近的学生及其家长集中来这里一起交流。现代社会城市化发展非常快，学生都住在不同的区域，非常分散。教师如果还采取以往的传统家访模式，每个家庭每年都家访一次，花在路途上的时间就相当长。因为有时去某个学生的家里需要约一个小时的时间才能到，而且有时家访效果也不明显。而这种以区域中心学生为点分片建立家长共同体的家访模式，能使教师与多位家长面对面座谈，使他们能更融洽地交流，使家长之间也多了接触与交流，有利于提升家庭教育水平，使学生也有更多机会相互学习，共同提高，而且教师能集中精力在一学年进行多次回访沟通，一举多得，效果明显。苏霍姆林斯基说过："只有学校教育而无家庭教育，或只有家庭教育而无学校教育，都不能完成培养人这一极其细致、复杂的任务，最完备的教育，是学校与家庭的结合。"苏霍姆林斯基的话对我深有启发，我深刻意识到家庭教育对学生成长的重要性。人民日报曾刊有一篇文章——《教育改革要从家长教育开始》，这篇文章中提出的家长层次论将家长分为五个层次。

第一层次：舍得给孩子花钱。

第二层次：舍得为孩子花时间。

第三层次：家长开始思考教育的目标问题。

第四层次：家长为了教育孩子而提升和完善自己。

第五层次：父母尽己所能支持鼓励孩子成为最好的自己，也以身作则支持孩子成为真正的自己。[1]

---

[1] 马振翼：《教育改革要从家长教育开始》，载《人民日报》，2013-10-31。

相信很多家长第一层次都做得非常好，无论贫富都知道为孩子花钱进名校，请名师。做到第二层次舍得为孩子花时间的大部分都是妈妈的角色，更高层次地思考教育的目标、为教育孩子提升和完善自己的家长可以说是比较难得的，更多的家长是鼓励孩子成长为父母期待的样子而不是最好的自己。

家庭是教育孩子的重要场所，良好的家庭教育是孩子成长的沃土。父母是孩子的第一任老师，把孩子送到学校上学，父母并不是成了"甩手掌柜"。家长对孩子的教育与影响，与学校的教育工作相得益彰，家庭教育也是追求教育理想不可或缺的重要依靠。如果家庭教育跟不上，父母对孩子有不良的影响或引导，那么学校的良好教育在孩子身上也很可能失败。我经常听到家长抱怨："供孩子吃供孩子喝，还花钱上补习班，条件这么好，怎么就不好好学习？""我家小孩懂事，与人发生矛盾肯定不是她的原因，要不我们查查录像。""我家小孩小学成绩都九十多分，上了初中就跟不上了，肯定是你们教学方法的原因。"……

如果家长对学校的教育理念与主张不理解、不支持，甚至引导孩子负面地对待学校，那么学校的教育努力很容易白费。家长和学校都有为了孩子健康成长的初心，我想只要家长相信学校，信任教师，支持、配合学校的安排，家校共育肯定会朝着积极的方向发展。

学生，首先是家长的孩子，而后才是学校的学生，在学生的教育工作中必须让家长的作用得到有效发挥。在我的记忆里有太多成功而又值得分享的家校合作小故事。

故事一：

在晨光初显的星期一早上，八年级（7）班王泽宇同学的家长站在国旗下以"做个有诚信的人"做主题发言，她将自己的亲身经历娓娓道来，台下1000多名师生安静地站在国旗下，聆听着，感受着。同样的地方，去年王泽宇同学也在这里代表全班进行了国旗下的讲话。家长、学生同在国旗下讲话是侨联常规动作之一。

故事二：

时间已经是晚上 7 点了，在学校阶梯教室里，学生家长黄警官正给新一批家长志愿者义务开讲座，讲述在校门口站岗并开展志愿执勤工作的一些规则、手势，培训能帮助家长更好地做好志愿服务工作。近百名学生家长像小学生一样认真听、认真学，不时响起阵阵欢笑声、掌声。我想，是他们撑起了学校家校合作的一片天空。在家长黄警官等的大力支持下，番禺区"警家校"模式在侨联中学得到大力推广，师生多了一道安全屏障。

故事三：

学生家长冼行长以轻松幽默的方式问学生们："银行前面的石狮子与常见的石狮子有没有区别？"学生们一下子就来了兴趣，纷纷说起自己的想法，冼行长由此展开了有关货币的由来、投资理财、防骗等的一些知识。这是"金融知识进校园"活动，在金融知识的讲授结束后，冼行长还非常用心地为七年级(6)班的每一个学生准备了小礼物，也准备了若干礼物奖励期中考试成绩优异的同学，他说，希望每一个学生都知道，知识是生产力，知识可以转换成价值。

故事四：

凛冽的北风夹带着小雨，天气显得格外寒冷，学校门口有两位学生家长志愿者正在风雨中打着伞，协助保安指挥穿梭往来的车辆行人，让学生一个一个安全离校。他们在阴冷的夜幕里显得那么耀眼、那么可爱，他们是学校新一批家长志愿者，他们是家校合作的典范。每天早上、傍晚，在侨联中学南北门都会看到这群可爱、可敬的志愿者。

故事五：

在每年的七年级"家长讲堂"上，我校都会邀请一位热心的家长给新生家长分享"我是如何教育孩子的"。她就是 2010 届中考总分全区第二名李昊同学的家长吴铭超老师(她也是侨联中学老师)。她每年都要修改一次讲稿、课件，务必让学生家长听得明白，学得入心。她的讲座让七年级新生家长感悟良多，收获满满。有的家长听完之后跟我说："吴老师讲得太好了，特别是她的孩子在侨联中学读初中的故事以及学习习惯，对我的启发很多，很有借鉴意义。""她培养孩子很细心，很有方法，她孩子养成了那么好的习惯、那么出色，我一定要好好学习，好好思考一下。"

故事六：

一年一度的学校运动会在学生们的呐喊声中显得格外热闹，运动员你追我赶尽显英雄本色。我曾倡议每个学生都要参与学校校运会，志在锻炼，同时教师也要参与一些项目，师生同娱共乐。2018年，虽然由于学校大建设，没有足够的场地开展全校运动会，但是分年级师生运动会也热闹非凡，家长志愿者穿插其中，有的维持秩序，有的拍摄，有的做后勤工作……运动会一结束，黄子曦同学的家长就送来了亲手做的甜品，让疲倦万分的教师们心里甜丝丝的。有的教师说："甜品颜值高，质量好。谢谢家长！"有的教师在微信里写道："吃得干干净净，很满足，感谢！"

故事七：

某一天，学校的宣传栏张贴了一张海报。

讲座：拟古识今——中国书法漫谈

主讲：学生家长杨日凯先生

时间：本周五15：00—17：00

地点：学校阶梯教室

工具：毛笔、墨汁、宣纸、水桶、画板、吸水纸等

欢迎师生参加。

……

开展家校合作的方式、内容很多，但我想主要不外乎以下几种。

一是请家长参与学校决策和监督工作。建立校、级、班家委会，家长参与学校规划、文化理念、制度等的制定，对学生食堂、校服等与学生切实利益有关的项目提出建议并进行监督，对教育教学工作提出建议并进行监督。

二是鼓励家长参与学校志愿者服务活动。例如，家长参与校、级、班的志愿服务活动，如校运会、庆典活动、军训等；邀请专业特长突出的家长到学校开讲座或担任校本课程的教师；开发家长、社会资源，建立学生参观、实践活动基地，如工厂、科研机构、农场、企业等。

三是创设家校合作平台。例如，教师通过打电话、发微信等方式与家长交流，通过家访、家长会、分析会与家长面对面交流；学校、班级建立家长群、主题活动群等开展交流；学校设立开放日等。

四是建立家长学校。通过培训、研讨帮助家长更新教育观念，提高家庭教育质量；建立学校公众号、家长报等家庭教育宣传平台；指导家长开展亲子阅读、感恩教育等活动。

无论哪种方式，目的只有一个，那就是加强家校沟通，共享资源，在家校共育中守护学生健康成长，促进学生全面发展。

三、视界越宽广，教育越和谐

社会是教育主体中的重要一环，我深知，学校并不是一座孤岛，教育不能与社会脱节，并且需要创设平台，引导学生主动融入社会，使学生学会履行以及承担社会责任。

（一）迎亚运环保在行动

在 2010 年，广州市亚运会举办前夕，为了进一步宣传亚运会，学校开展了"低碳知识进校园"系列活动，主要分三个组开展"低碳生活"进社区宣传活动，"低碳出行"进社会活动，"低碳经济"进厂矿、企业活动。第一组同学在教师的带领下，来到市桥最热闹的商业街开展倡导"低碳生活"的宣传。市民们热情地在倡议书上签上自己的名字，表示大力支持低碳生活，不少市民为学生们的精彩演说点赞。第二组同学围绕亚运会主场馆进行了一个低碳出行的路线探索实践活动，通过调查、研究、实践，绘制出绿色出行路线图。在中国市政工程华北设计研究院广州分院，第三组同学向工程师了解污水处理过程及原理，并参观华新精机有限公司，深入了解样板企业实施低碳经济的高招。通过丰富多彩的实践活动，学生们收获良多。学生一致感慨：此行不仅使他们开阔了视野，增强了环保意识，而且明白了社会责任感的真正含义。

（二）中美学生交流

"May I have your signature ?"（你能帮我签个名吗?）"Excuse me, may I…"（你好，请问…）学校阶梯教室门前，我校一群学生同几个美国大学生热烈地交谈着，他们刚刚参加了由华南师范大学组织的美国留学生与侨中学生的交流活动（见图 4-16）。为了进一步落实立品教育培养现代公民的育人目标，学校为华南师大基教院提供"中美学生交流"合作实践基地，旨在促进两国文化交流，培养具有国际视野的现代中学生。

图 4-16　中美学生交流

（三）美术特长生毕业展

2014 年 4 月的一天，雨后的空气格外清新。长堤文化园迎来了侨联中学美术特长生书画展，国画、水彩画、水粉画、速写、书法、手工制作、印章等陈列在展厅里。黄树文、叶泉等书画名家亲临现场。艺术顾问叶泉老师不停地点头说："这些小朋友的功底不错，其构图、技法都有一定的基础，特别是门口那几个大木箱作品，色彩鲜艳，构图特别。"顾问戴志文老师说："那幅百合花的调色很不错，还有那幅向日葵够大气，作者下笔够大胆，他日如再强化一下色彩训练，必将有作为。"而家长们在观看孩子们的作品集时也惊讶不已，想不到自己的孩子能画出那么好的作品。看到自己孩子的作品挂在专业展厅里，得到那么多专业人士认可时，家长也激动万分。一位家长说："感谢学校，感谢校长，我小孩上侨联中学是明智的选择。"书画展开幕后，黄树文老师开展了关于"国画基础常识"的讲座，两百多位师生、家长聆听了一堂名家之课，收获满满。

三年时光，转瞬即逝。美术特长生即将毕业了，按学校制度要求，他们要交毕业作品，要办毕业作品展，要出一本毕业画册。家长还要给学生写毕业寄语。下面两则是特长生家长写给孩子的毕业寄语。

黄信乐家长寄语：

光阴似箭，转眼间，孩子初中三年的学习即将结束，曾经的"小毛孩"，摇身一变，成为今日俊俏、刚健的阳光少年！

感恩侨联中学及其全体教师！全靠你们的合力同心，为孩子们营造了如此活泼、向上、书香致远的成长和学习环境，这无疑将成为他们人生最难忘的经历之一！

继往开来，祝愿侨联中学未来持续优化，深耕细作；祝愿教师们，桃李满园！

关浩贤家长寄语：

初中三年，学校持之以恒的细节教育已经内化为孩子的自律行为，使他懂得了学校的规章制度是要严格执行的；让他明白了与人方便才会方便自己；使他懂得了献出爱心，自己也会开心；使他学会了感恩，知道了要爱父母、爱祖国等这些朴素的做人道理。孩子即将初中毕业，我现在终于深深理解了当时那位学生家长的话：选择侨联中学就选择了放心。原来这是对侨联中学教育由衷的赞叹！

毕业画册里由学生写的序言，更是侨中学子的心声。下面这篇是2017届美术特长生毕业画册的序言。

生命是一曲赞歌，时而舒缓，时而澎湃；生命是一江河水，川流不息，永不停歇；生命是你和我用心铸造的桥梁，坚不可摧。

2014 年，我们悄然相遇，48 个素不相识的同学因同样的梦想走到了一起，绘画是我们相连的纽带。从那时开始我们一起拼搏，同看花开花落，共赏日星隐耀。

在两年的美术学习中，我们有对画临摹，亦有外出写生；有倾听名师讲座，更有发挥奇思妙想……当我们在洁白的纸上，挥洒着汗水，那一笔、一画、一点、一染无不渗透着我们对绘画的热爱，那一波、一拂、一线、一圆无不夹杂着我们的用心，处处流露出我们对生命的思考。

蓦然回首，我们已经在不知不觉间走到了中考的前夕，曾经欢乐有趣的美术课也渐行渐远。而那一本本成书的画册，记录着我们的点点滴滴。忘不了当初老师在我耳边句句发自肺腑的指导，忘不了伙伴们在绘画中的欢声笑语，忘不了人们站在我们的作品前赞美的情景，更忘不了完成一幅画作时的感动和满足。我们忘不了曾经的许许多多……

我们(8)班的成绩一直稳居榜首，是全年级中最耀眼的那颗星。课堂上，每个同学都积极思考，敢于发言，善于提问，经常得到各科老师的好评。即使在课后，学习气氛依然浓厚，向老师请教或相互探讨的身影处处可见，那是对知识的渴求与执着。在运动场上我们坚持不懈，相互鼓励，从不言败。(8)班像汪洋大海里的一只小船满载优异的成绩和真挚的友谊继续前行……

感谢 2014 年的相遇，让我们的生活彼此交织，绘制成一幅生机勃勃的画卷；感谢一路走来教育我们的老师，是他们的良苦用心使我们如画的人生更加精彩；感谢一直以来支持我们的父母，没有他们的默默付出，这幅画将暗淡无光。

如今我们即将毕业，同学间的团结友爱、老师的点滴教诲、家长的支持鼓励……都为我们多彩的青春添上了美丽的一笔！

生命是一曲青春的赞歌，抒写着我们的狂放和不羁；生命是一片汪洋，包含着我们的悸动与迷茫；生命是你我共度的这三年时光，非凡而且美好。

微笑吧，用我们朝气蓬勃的笑容去迎接更美好的明天！

（四）为温暖的社工点赞

小豪，七年级刚入学几天，班主任陈老师就发现他的校服总是油腻腻的，天生的卷发也散发着一股味道。刚开始几天，他还能勉强坐着上课，一星期后彻底露出了"原形"：天天趴着睡觉！陈老师多次教育无果，于是联系了学校心理成长中心的何老师，了解了他家庭的基本情况：父亲早逝，母亲也已年老，但为维持生计在一家公司做清洁工，母亲对小豪的教育有心无力。由于小豪的学业从小学开始就落下了很多，因此到了初中他更是听不懂，唯有在课堂上睡觉度日。

班主任陈老师、彭级长和何老师经常观察小豪，也想和他聊天，但他似乎有些社交恐惧，从不敢正面应对老师，老师一看他，他就别过脸，甚至扭过身子背对老师，老师问他问题，他也是有一句没一句地不知所言。对此，小豪的科任老师也没办法。老师们很担心小豪因从小缺乏父爱和引导，而缺乏信心和人际交往能力，就十分希望能帮助他，但他又好像特别害怕与老师沟通，怎么办呢？刚好我校与北片社区服务中心建立了合作关系，服务中心的社工可以为学生和家长提供跟踪辅导服务，可以定期到学生家进行家访。于是，我们就把小豪的个案转介给北片社区服务中心，一方面让社工定期进校给小豪提供辅导（含心理辅导、社交辅导和学业辅导等），另一方面让服务中心多关心小豪的家庭，适时提供上门服务。刚开始，小豪总是逃避辅导，老师和社工经常去"抓"他，他也不生气，被"抓"到了就去辅导，但并不配合，见了社工就和见到老师一样，经常背对社工，也不说话。就这样过了一个学年，虽然每周坚持辅导一课时，但是小豪的状况并不见好。但大家没有放弃，社工们、老师们依然坚持着，只待这颗心渐渐回暖。

八年级下学期，彭级长很开心地告诉何老师，小豪现在上课不睡觉了，衣服也洗得干干净净，头发梳得整整齐齐，虽然成绩依然不理想，但是人自信了，和老师说话也能直面老师了，应答也有了进步。

对于小豪的进步，小豪妈妈非常感谢学校的老师和北片社区服务中心社工的坚持与付出。虽然这个孩子还没有变得和我们所想的那般好，但是当我们一直耐心地教育和温暖地守护他时，相信他终会绽放生命的光彩。

（五）深入社区志愿服务

2016 年 10 月 28 日，侨联中学部分七年级学生志愿者去番禺区颐养院探望老人。学生拉着老人话家常，一声声甜甜的"爷爷""奶奶"，让老人们无比舒心。学生还为老人们表演了节目，有的学生用竖笛吹奏经典的乐曲《雪绒花》，有的学生用吉他弹奏《欢乐颂》，还有的学生表演舞蹈、魔术之类的。在学生表演的过程中，老人们脸上挂着开心的笑容。表演结束之后，大家纷纷拿出自己精心准备的小礼物送给爷爷、奶奶，很多老人接到礼物时像小孩子一样开心地笑了，连声说："谢谢孩子们！"其乐融融的场面令在座的每个人都十分感动。通过这次活动，学生体验到志愿服务的快乐，也意识到应该关爱孝敬身边的老人，弘扬"孝老爱亲"的传统美德。

侨联中学在 2010 年就开始推行全员志愿者服务，并要求全体师生都积极参加。学生在校三年必须完成一定时数的志愿服务才能毕业，他们主要通过家庭、学校及社区来参加实践服务。

学校建立一个机制，提供一个平台，让学生从小事做起，从身边事做起，培养学生奉献、互助的精神，让志愿精神深入人心，让学生在体验中成长。培养学生懂得感恩，感恩家人，感恩朋友，感恩社会；懂得关心别人，将来回馈社会。其实，人们的心中都隐藏着一份关爱，只要我们能用这份关爱去呵护一些需要温暖的人，这个社会就会更加和谐与幸福。

侨联中学为了进一步强化家校合作，推进与社区的融合，除了与番禺区关工委、番禺博物馆、市桥交警中队、番禺区政协"百越书画"社、侨联社区居委会等单位结对，或建立基地，还大力开展几个深入社区服务的项目，具体如下。

一是大力推进志愿者进社区活动。包括志愿者到颐养院慰问、帮扶老人；到星海公园开展清明节祭拜先烈活动，宣传垃圾分类、禁毒等活动；到市桥新广场开展"迎新春，送祝福"书法进社区活动；走进繁华路和大北路等开展文明小卫士、"低碳生活"等宣传活动。

二是党员、名师走进社区。开展探访孤寡老人、扶困助学活动，如何少青老师将各个毕业班学生的图书收集起来捐赠给粤北山区的学校；开展家庭教育、学生辅导等活动，如锦颖老师作为区妇联讲师团成员给群众讲授心理健康知识。

三是学校活动进社区。在番禺博物馆、星海青少年宫、长堤文化园等地开展美术作品展，在社区宣传栏放置家庭教育及学校的有关宣传手册、报刊等。

四是开放学校资源。在周末、假日，开放各类球场、学校礼堂、阶梯教室、图书馆等方便社区市民开展各类活动。例如，提供阶梯教室给随班就读家长开展系列知识讲座，开放球场以供社区开展迎元旦游园活动等。

侨联中学创新家校合作办学模式，通过积极的合作与交流，整合资源，致力于构筑一个和谐的教育共同体。在和谐的教育共同体中，学校实现教育资源共创、教育机制共建、教育成果共享，达到互利共赢、和谐共荣的境界。

学校需要与社会教育紧密结合，让学生懂伦理、明责任、爱公德、守法纪，在学校是个好学生，在社会是个好公民。学校的成长、发展有赖于家长的支持，有赖于社区和社会的通力合作。因此，校长主要工作之一便是整合家长、社区及社会的资源，为师生服务，为社区服务，为社会服务，实现学校与社区、社会的和谐共生，互利共赢。正如山的存在，正是因为有风、有雨、有阳光、有云雾，才彰显山气，山上风景才更显优美。

第四节　山魂，在立品文化中凝结

"仁者乐山"，这是因为仁者把自己的精神追求投射到了山的身上，山也因此有了灵魂。学校也一样，只有具备了自己的文化内涵，打造出具有学校特色的文化品牌，才是有灵魂的，才能挺立起来。文化是引领学校特色发展的灵魂，为全校师生员工自强不息、携手共勉创造精神价值追求，形成学校社会影响力的思想基础和精神支柱。校长，则是学校文化引领的关键人物，学校持续特色发展有赖于校长主动构建学校文化。

一、为学校植入红棉的基因

学校管理体现校长的智慧和情怀。教育管理强调："学校管理是学校质量的生命线，有什么样的管理，就会有什么样的办学质量。学校的管理不管怎么变，都应该在管理科学理论的范畴内，也就是从制度管理到精细化管理，再到人本管理直至走向文化自觉。文化自觉是管理的最高境界，是管理者和被管理者意志高度统一、愿景目标高度协调的最佳状态。"①在学校管理中，制度管理解决了无章可循的问题，精细化管理解决了死角盲点问题，人本管理弥补了制度管理和精细化管理中缺少人性、缺少温度的短板。文化管理则是最高层次的管理，校长追求的应该是文化管理，让师生具有文化自觉。

2012年3月，我参加京苏粤中青年校长高级研修班，来到苏州市景范中学参观。在参观期间有位校长问："叶校长，你看他们学校的'景范文化'历史悠久，内涵也挺丰富的。对了，你们学校的文化是什么？"一语惊醒梦中人，我的学校文化理念好像还没有具体提炼，只是提出了"人文关怀，内涵发展，精品校园，特色侨中"的办学思路。

所以，在学习之余，我就一直思考，我们学校要想上一个新台阶，

---

① 张忠宝：《学校管理应走向文化自觉》，载《山东教育》，2018(Z6)。

必须通过文化引领，从制度管理、人性管理向文化自觉发展，让学校文化统领学校的新发展。

学校文化建设植根于学校的历史积淀。我想起侨联中学在1983年建校时，校内已经有一棵长得郁郁葱葱的红棉树。30多年来，风雨阳光，它见证着侨联中学的发展，拥有着宽广的胸怀，护荫着一代又一代侨中学子快乐成长，它那坚毅、正直的风骨和力量，鞭策着侨联人追逐不为浊世熏染、坚守人间正路的人格理想。侨联人与红棉有着亲切、美妙的相通之处，把红棉树作为侨联中学的文化载体，具有文化传承性和时代纪念价值，必为侨联师生所推崇。

红棉是广州的市花，又称英雄树，象征着岭南精神，其精神已得到了侨联人的广泛认同，所以它必然成为侨联中学文化立校的精神载体。深入挖掘红棉精神，在"品"字上做文章则成为侨联中学推进学校文化建设的重要工作，这也是番禺区推行的岭南校园文化建设的需要。

为了弄清红棉的文化意象，我查阅了与红棉相关的资料。唐代诗人白居易在其诗《新制绫袄成感而有咏》中云：

水波文袄造新成，绫软绵匀温复轻。

晨兴好拥向阳坐，晚出宜披踏雪行。

鹤氅毳疏无实事，木棉①花冷得虚名。

宴安往往叹侵夜，卧稳昏昏睡到明。

百姓多寒无可救，一身独暖亦何情！

心中为念农桑苦，耳里如闻饥冻声。

争得大裘长万丈，与君都盖洛阳城！

白居易关注民间疾苦，诗中写到倘若可以用红棉花絮织成巨裘，就可以使洛阳贫苦的农民免受疾寒之苦。他的政治理想"争得大裘长万丈，与君都盖洛阳城"与杜甫"安得广厦千万间，大庇天下寒士俱欢颜"如出一辙。美丽的红棉树，是他们为天下之忧而忧，经世济民抱负的理想载

---

① 木棉，别名为红棉。

体，火红的红棉花昭示着为理想而勇往直前。木棉的境界，正是侨联中学师生的精神追求，

郑熊《番禺杂记》载："木棉树高二三丈，切类桐木，二三月花既谢，芯为绵。彼人织之为毯，洁白如雪，温暖无比。"红棉树有着高洁的形象，又给人带来温暖，这与中国传统所追寻的英雄有共通之处。它历来受到人们的喜爱，成为讴歌的对象，"岭南三大家"之一的屈大均在《南海神祠古木棉花歌》中写道：

十丈珊瑚是木棉，花开红比朝霞鲜。

天南树树皆烽火，不及攀枝花可怜。

南海祠前十余树，祝融旌节花中驻。

烛龙衔出似金盘，火凤巢来成绛羽。

收香一一立华须，吐绶纷纷饮花乳。

参天古干争盘拿，花时无叶何粉葩。

白缀枝枝蝴蝶茧，红烧朵朵芙蓉砂。

受命炎州丽无匹，太阳烈气成嘉实。

扶桑久已摧为薪，独有此花擎日出。

......

红棉如十丈多高的珊瑚一样美丽珍贵，花开时节满树红焰，比朝霞还要鲜艳。在岭南地区，一棵棵火红的红棉树如烽火相连，历经风雨的洗礼，结出美好的果实。最早称红棉为"英雄"的是清代广东顺德人陈恭尹。陈恭尹（1631—1700）是"岭南三大家"之一，诗人，又工书法，时称清初广东第一隶书高手。他在《木棉花歌》中形容红棉花"浓须大面好英雄，壮气高冠何落落"。红棉有英雄气概，豪迈磊落，寄托着人们的美好向往，威风凛凛中透着勇士的磊落与坦荡，真挚、仁义，挺拔刚劲，高耸入云，给人英姿勃发、刚正不阿之感。

红棉树树形高大，雄壮魁梧，枝干舒展奇直，宁折不弯，有条有理，步步高进。它仰天崇上，知善而后为，知恶而后拒，光明磊落，故奇伟傲岸；它不争而自高，雄视周围树群，自得阳光雨露，故有傲立群

芳之英姿。不与萋萋低草为伍，不为妖娆花颜折腰，不为浊气熏染，坚守正直本性，坦荡无欺。其花美而不妖，艳而不媚，视之红如火燃于枝头，真情本色，朝气蓬勃，虽独立而能各美其美，美美与共。其为用时，入药则能为人治病，入土则能予物滋养。落花干脆利落，纷呈遍地，烈如火种，尽显豪情与从容。

从教育的视角来看，红棉品格本就包含了人的道德情怀和教育追求，承载了侨联人的精神传统和价值取向。以红棉品格的内涵，构建侨联中学师生的价值取向和道德追求，让红棉成为引领侨联人前进的航标水到渠成。

有了头绪后，我马上召集行政班子进行研讨，并制定学校文化建设推进方案，由办公室牵头分头推进。我们分以下几步具体实施。

第一步，了解学校的历史文化，寻找可利用资源。第一小组通过召集退休校长和退休教师了解学校历史文化；第二小组召集部分现职教师、家长代表及学生干部了解他们对学校价值观的看法；第三小组查找学校档案及一些宣传资料，寻找与红棉文化理念相连的符号、信息。

第二步，物色有经验的文化机构及专家、教授研讨，形成一些关于文化建设的思路和方案。

第三步，由专家及行政班子、教师代表进一步梳理研讨，进一步明晰思路和方案。

第四步，学校领导和教师代表研讨分析，初步提出拟用的学校文化建设方案。

第五步，向师生、家长、社区、上级相关部门公开方案，征求方案意见。

第六步，收集意见再与专家研讨，确定具体的学校文化建设方案。

第七步，以行事历方式推进学校文化建设方案的具体实施、检验及总结。

在不断提炼和论证过程中，我发现红棉树外表平凡，实则坚韧、热情，这种品格与侨联师生不谋而合。侨联教师兢兢业业、始终保持热情，侨联每年都有很多学生以优异的成绩考到重点高中。可见，侨联人注重立品，注重培养良好习惯，其坚韧、热情、追求卓越的特质与红棉精神非常相似。树立红棉品格是对学校特色教育之路的深化、延伸和发展，我致力于以文化引领的方式，把红棉的意象做成个性化、品牌化、系统化的学校文化品牌。

捐资兴校的华侨，他们爱国爱乡，艰苦奋斗，勇于开拓，从他们身上不难发现那些难能可贵的"红棉"品质，故建校伊始，就有了激励师生树立品行的文化渊源。同时，侨联中学早期的校训就有"立品成才"之句。侨联人秉承优良传统，注重高尚品德的培养，倡导"立品成人"，立为树立、培养，有建立、建树之解；品为品行、品德。一代代侨中学子以良好的品质走向社会，侨联中学确立"立品"教育理念，既传承了历史传统文化，又体现了现代的社会时代精神。

从宏观及中观思考，党的十八大报告已提出了"立德树人"要求，《国家中长期教育改革和发展规划纲要（2010—2020 年）》也提出"注重品行培养"，《番禺区岭南校园文化建设方案》提出"上品教化"教育理念，立品教育的提出与这些都是一脉相承的。

经过反复论证后，基于岭南文化的大背景，我于 2012 年年底提出了基于红棉文化的"立品教育"文化理念。核心是立品，目标是立人。把"立品教育"作为引领学校发展的文化理念，并进一步构想此理念下的一训三风、实施策略和特色课程。

立品教育指"立全人"，即培养德才兼备、全面发展且有个性特长的现代公民，包括德品、才品、艺品三方面。德品：立生命之根本，养雅正之人格，注重从思想、品格方面培养学生；才品：立行思之动力，养创造之人才，注重从思维、能力方面培养学生；艺品：立情感之风骨，养艺术之神韵，注重从情感、气质等方面培养学生。立品教育育人内涵见图 4-17。

侨联中学传承着"自信互助，立品成才"的校训精髓，借助校内标志性古树红棉树为文化载体，构建出具有红棉精神的学校文化，红棉的

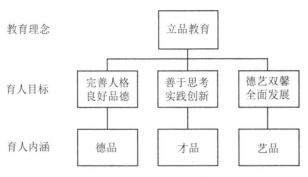

图 4-17　立品教育育人内涵

"神韵"与"风骨"象征侨联人的内在精神与外在气质，培养红棉的文化意蕴，形成红棉文化韵味浓郁的氛围，以红棉厚蕴浸润师生，从而育成上品英才，这就成为学校办学理念"养红棉厚蕴，育上品英才"。

　　思想造就未来，理念引领发展。从"岭南文化"到"红棉文化"，从"上品教化"到"立品教育"，从"养红棉厚蕴"到"育上品英才"，侨联中学以承载红棉品格的内涵，构建侨联中学师生的价值取向和道德追求。红棉所象征的意象，凸显区域文化内涵与底蕴，承载着无数师生的梦想和万千家庭的期待。侨联中学，与红棉树一同成长，激发无限发展的可能。

　　2013 年 12 月 9 日，由华南师大基教院、番禺区教育局联合主办的"校长的办学思想提炼和学校的品牌建设"研讨会在侨联中学举行。时任广州市海珠实验中学校长的裘志坚做了"让成全人的思想照亮每一个教育细节"的主题发言，重点介绍了学校"成全教育"的特色。天河区华阳小学校长周洁介绍了学校 14 年来坚持"生本教育"的初衷与探索，以文化指导课程建设。他们探索学校文化建设卓有成效，以文化引领学校特色发展的做法让人受益匪浅。

　　研讨会上，我做了"办一所师生眷恋的学校——市桥侨联中学立品教育的实践与思考"的专题发言，介绍了学校的文化理念"立品教育"，以"立德、立行、立情"三个维度打造德才兼备、全面发展且有个性特长的现代公民。专家们一致认为"立品"教育理念定位好，并就学校特色方面的进一步整合与提炼上升提供了理论指导。这次研讨会给了我很大的启发，更坚定了我以文化引领学校发展再上新台阶的信心。

有了文化理念后，我在学校规划、计划中及各类会议上不断渗透、宣传"立品教育"，学校还通过宣传栏、红棉校刊、校园网、新媒体等，充分发挥全校师生的主观能动性，鼓励师生参与分享，让"立品教育"理念之花开遍校园的每个角落，深入师生心中。

2013年，学校建校30周年纪念册——《传承·创新·超越》记载了学校的历史与发展、学校的文化与办学理念，也留下了校长的心声：

三十岁月，如诗如歌。几经风霜，数载磨炼，小小红棉历经三十岁月洗礼，早已茁壮成长，风华正茂，神韵秉藏。三十岁月，风雨兼程，坎坷与成功同行！三十岁月，白驹过隙，艰辛与硕果同在！三十岁月，历史与文化在此积淀，耕耘与收获在此交融！悠悠三十载，代代薪火传。三十寒暑，一任任学校领导、一批批教职员工、一届届莘莘学子，用智慧和汗水育下爱与希望的种子，迎来了侨联的春华秋实。从艰难起步，到曙光初现，终于展翅翱翔，至今品牌创建，岁月的丰碑记载着侨中人的奋斗足迹，镌刻着侨中人的一路辉煌。三十而立，侨中人将继续传承、创新、超越！以培育底蕴丰厚、个性鲜明的现代公民为己任，激励代代学子！"天行健，君子以自强不息。"侨联人在"上品教化"教育理念下，将秉承"立品"教育，深化"研学后教"课堂改革，强化艺体素质教育，以建设有特色的规范化优质学校为目标，继续前行，铸造品牌，构建师生眷恋的幸福侨联。三十年华，如梦如画……

每次入学典礼、毕业典礼、国旗下的讲话等，都是神圣而庄重的。在这时，每个侨联人都深刻感受到自己的使命与荣誉，升起树立人生高品的信念与追求。

二、让班级管理彰显文化"品"位

(一)发挥制度的目标导向作用

班级是学校基本的构成单元，是师生活动的主要组织。在立品文化建设的引领下，立品班级的建设提上日程。

为了更好地建设立品班级，发挥班级文化育人的基础作用，一个星期五的下午，我召集年级级长、各班班主任等教师开了一次打造"尚品班级"的研讨会议。在会上，各位教师交流自己的设想，会议现场气氛热烈。最后，我总结道："班级文化建设，切实紧密联系学生的日常学习，也是学校文化建设的基础性工程。因此，需要认真对待。这样，大家回去之后，结合学校的立品教育理念、各个班级的学生特点与特长，以及对学生的管理教育等，提出有建设性的设想，然后我们下星期五再召开一次会议，进行评议与整编。"

转眼间，又一个星期五到来，我们在会议室展开了充分的讨论，教师们依次提出自己的见解以及理由，后续我们又进行了选择，通过集思广益，进一步制定完善了"班级管理十项常规制度"。规范管理，让立品文化浸润班级管理的细节，使学生在日常的学习实践中养成良好的学习习惯和行为习惯，追寻德品、才品和艺品，得到更好成长。《市桥侨联中学尚品班级管理十项常规制度》具体内容如下。

一、早读常规

1. 由科代表（班干部）主持，该学科教师到位监控。

2. 坐姿要端正，捧书姿势要正确，态度要认真。

3. 读书声音提倡以有感情朗读为主，不提倡唱读、喊读。

（无正当理由缺席一次的以零分计算，因学校的安排缺席的给平均分）

二、上课常规

1. 上课预备信号响后迅速回座位坐好，准备好学习用具，等候教师上课。迟到的必须经前门喊"报告"后进入教室。

2. 上课和下课都应由班干部喊口令起立，向教师行注目礼。上课起立后，向教师问好。教师宣布下课时应起立道谢。

3. 上课时坐姿要端正，专心听课，认真思考，积极举手发言，大胆起立回答问题，适当做好笔记，听从教师的安排和指导（任课教师严格按课堂纪律给予评分）。

4. 专用场室(理、化、生、音、体等)上课常规:

(1)科代表要预先与任课教师联系,了解该节课是(否)到专用场室上课,然后通知本班同学做准备。若需要到专用场室上课,要提前几分钟集队,由班干部带队到专用场室,在队列行进中不得打闹、推撞等。任课教师也要预先通知所任课的班是(否)到专用场室上课。

(2)到专用场室(或运动场)后,要按要求(实验的编组)的位置坐好(运动场上要按规定集队),值日生要做好考勤并报告任课教师。

(3)要严格按教师的要求操作及使用设备和仪器等,不按要求操作、严重违反操作规定或违反课堂纪律而造成设备和仪器损坏的要照价赔偿,故意损坏的除赔偿外,还应根据情节的轻重给予纪律处分,如按操作守则规定而意外损坏设备和仪器的不用赔偿。在使用电或刀具及危险化学品时,一定要听从教师的安排和指挥,确保安全。上体育课,违反教师要求受伤的,责任由自己承担,造成他人受伤的要负责任。

(4)到场室上课时,不得带零食和饮料,离场后要保持清洁,不留下一张纸片杂物,上课的班要安排人负责保洁。

5. 上课不认真听讲、不做笔记、不完成课堂作业的,视为违反课堂纪律,要受到批评教育。上课不但不认真听讲,还故意顶撞教师,影响他人,干扰课堂秩序的,视为严重违反课堂纪律。情节轻微的要受到批评,情节严重的或屡教不改的要记过处分,必要时通知家长到校共同教育。

三、课间常规

1. 积极休息,做好下节课的准备。不在走廊和教室里追逐打闹(或推门、撞门等),做到在教学楼内轻声慢步,保持教学区的安静。在规定的位置(如食堂或自己座位)用餐,不得边走边吃。

2. 上下楼梯等都要养成靠右让行的习惯,见到教师要点头问好。

3. 课间违反学校安全规定追逐打闹或乱攀乱爬而造成自己受伤的后果自负,造成公物损毁或他人受伤的,要承担责任。

四、课间操常规

1. 各班要有一个课间操队列序列，每次都由专人负责考勤，及时汇报级长。

2. 上午（星期一除外）第二节课下课信号响后，各班迅速在自己教室的走廊按班的队列序列集好队，待进行曲响起时班干部或体育委员带本班安静、有序地按指定的楼梯或通道下去（在教学楼的走廊、楼梯处严禁跑步推撞，场地湿滑时更要注意安全），到运动场边时，对齐跑步进入运动场指定的位置跨立站好。音乐声停未到指定位置的视为迟到，特殊情况除外。

3. 做操时要听准音乐，动作按节拍，准确、到位、有力，不"抢拍"。广播操音乐停时，迅速集中到规定的位置，听从级长训话指挥。离场时安静、迅速，全班离开运动场后才能解散。

4. 占用课间操时间的教师要得到教导处的批准。因天气原因不能做操时由级部安排。班或个人在做操时不认真或不会做，班级有权要求重做或用跑步来代替课间操锻炼。

五、眼保健操常规

1. 课间清洁手指，做好眼保健操的准备。做操时按照音乐的节奏和动作的要求，认真做好每个动作，达到眼保健的作用。

2. 上体育课或到专用场室上课时也要先完成眼保健操。

3. 因特殊原因不能做眼保健操的只能得平均分，无故不做的记零分。个人不认真做操或不做的，视作不作为，按违反纪律处理。

六、升旗仪式常规

1. 每星期一早上，听到音乐播放时，各班按班的队列序列要求在自己教室的走廊集队，按规定的路线小跑步进操场，到规定的位置整齐站立好，准备升旗礼（进场与课间操的进场要求相同）。

2. 升国旗时全体肃立，向国旗行注目礼（少先队员、少警队员敬队礼），态度严肃认真，呈立正姿势。唱国歌时要跟准伴奏，声音要响亮，此时迟到的师生及在场的校工一定要在原地肃立，不得走动，等仪式结束后才能回到队伍中听国旗下的讲话。

3. 听国旗下的讲话时要认真听，不随便说话或搞小动作，站立呈"休息"状态。因天气等原因不能在操场进行升旗仪式时，全体师生则改在教室内进行。

七、开会常规

1. 按开会的时间提前 5 分钟在自己教室的走廊排好队等待指令（如没指令就按平时的要求），然后按学校（级）安排的路线，迅速赶到指定的位置坐（站）好，值日班干部把考勤情况报告给级长。

2. 要准备一个专门的会议记录本，开会期间认真听，适当做笔记，严格遵守会场纪律。

3. 散会后要保持会场的清洁，不留下一张纸片，各班要安排值日生做会场的保洁。

八、清洁保洁常规

1. 每月第一个整周的星期一下午班会课，全校进行环境地段、包干区大清洁；每星期一下午班会课（或放学后）进行一次室内大清洁。每天两大扫一小扫（两大扫是指上午上课前和下午放学后的打扫，一小扫是指中午上课前的保洁）。卫生打扫要求早上的打扫在上课前完成，中午的保洁在午读前完成，下午的打扫在放学后半小时内完成。

2. 每天的值日小组都要安排学生专门进行保洁工作，每节课下课后，对自己班所负责的地段，特别是教室、走廊、楼梯进行保洁，班级内做好垃圾分类，垃圾桶内的垃圾要及时拿到校垃圾池倒掉，不得倒在走廊、校道的公共垃圾桶内。

3. 保洁不到位的，在自己班教室、走廊、楼梯的垃圾没能及时清扫的要扣分，自己产生的垃圾要放到垃圾桶内，如有发现乱扔垃圾的则要履行三天该地段的保洁职责。

九、搭食（午休）常规（试行）

1. 上课期间学校通过配餐公司提供付费午餐，要搭食的学生要向班主任提交一份有家长签名的搭食申请，经家长同意后方能办理饭卡，搭食费两月充卡一次。中午用餐时间为 11：55—12：45。在学校搭食要遵守《市桥侨联中学餐厅用餐管理制度》，违反管理制度的责任自负，学校将会取消搭食资格，严重的会受到纪律处分。

2.12：45—14：00 必须在教室午休，不得到处走动。各班午休管理员手持一份午休名单和家长联系电话表，每天将午休应到人数、实到人数、请假人员、缺席人员写到黑板正中，严格管理自己班的纪律，向值日教师汇报出勤情况。需要请假的，必须提前一天向班任提交有家长亲笔签名的请假条，班主任核实后在请假条上签名确认，交给午休管理员，等值日教师巡查时检查。

十、仪容仪表常规

1. 上学期间要穿校服（秋装、夏装运动服和礼服），炎热天气时可穿短袖运动服，寒冷天气时可在运动服外面加穿外套。不冷不热的天气可根据个人的体质穿短袖运动服或长袖运动服。短袖运动服的上衣最少要扣上第一个纽扣，长袖运动上衣要拉好拉链，链扣不低于校服标志，且不能露出内衣。穿礼服时，衬衣要扎在西裤里。不得随意修改校服，为追时髦修窄裤筒的要在当天由家长带到学校进行更换。

2. 全天佩戴校卡，少先队员还要戴红领巾（体育课、课间操活动课除外）。

3. 男生不留长发（前不过眉、两边不盖耳、后不拖领等），但也不允许剃光头（外伤除外），不允许理奇怪发型（剃光头或理奇怪发型的，能修改回正常的就即修改，修改不了的要家长到校做说明并尽快整改）。女生建议留短发，长头发的要扎起来（不能披头散发），注意两种发型前额刘海都不过眼眉。男女生都不得烫发、不染发、不喷发胶。发现不按要求做的要立刻改正。

4. 讲究卫生，勤洗头、洗衣服、洗澡，不留长指甲。

5. 不佩戴首饰（耳环、戒指、项链等）和不带手机等回校，不在身上和书包上挂饰物。书包统一使用双背带式的。

6. 仪容仪表每月检查和平时检查相结合，检查不合格或有违反规定的根据情节扣个人的分和所在班的分。

备注：

1. 学生没有经学校考核和批准是不能骑自行车上学的。被批准骑车的在上学途中要严格遵守交通规则，进出校门都要推车，校园禁止骑车。家长接送上学的，如骑摩托车要戴好头盔，开汽车的统一在北门接送并注意按车行方向顺次靠边停，学生从右门下车。步行上学的要走人行道，过马路要走斑马线。

2. 请假要填写请假条，请假两天内的，由班主任批准并报级长；请假三天及以上、一周以内的，由级长审批并报告学校；请假一周以上的，由校长批准、教导处备案。上课无故缺席按旷课处理，旷课（逃学）超过五天的，按省教育厅要求报街道办事处和区教育局，把情况写进学生学籍档案，学校会根据旷课的情节给予记过或留校察看的处分、发结业证书。

（二）营造厚重的班级文化

"校长，你看我们的班徽，这个像三字，代表我们(3)班，然后这个圈代表我们团结在一起，还有这里代表我们努力向上。"

"校长，看我们班的口号：我以班级为荣，班级以我为骄。"

……

在班级文化建设的展示会上，八年级的几位学生在全力介绍他们的成果。

那是在我校一年一度的红棉文化节展示会上，各班的学生在展示他们的班徽、班级理念等文化标识。

2012年9月，我到北京参加京苏粤学习培训，跟岗学习走进北京十一学校。参观校园和聆听李希贵校长的讲座，给我冲击最大的有两点：一是北京十一学校的"走班制"，没有固定行政班，所有的学生参加所有学科走班学习；二是独具特色的学校文化建设，包括学校的戏剧节、泼水节、运动会等活动，还有班级文化建设。"走班制"所需的师资、场地等资源很多，再加上学生年龄特点，我虽然有所思考，但是不敢贸然实施。除此之外，学校的班级文化建设给我提供了借鉴，正好我校在提炼学校文化及办学理念，所以在班级文化建设方面，我有了新的所思所悟。

首先，班主任要有理念、规划。我提出班级要有标语、标识，要设置班级名牌，包括班级理念、班徽、班训（或班口号）、全家福，并设有班主任寄语、学生之星，以建设班级文化，凝聚班级力量。

其次，选好、培养好班干部。我提出要学习魏书生的办法，让每个学生都是班干部，都有职责，凝聚团结向上的班集体，并由家委会、班干部及教师共同制定好班规班约，让全体学生学习、执行。下面是王珺老师所带班七年级(8)班的班规《"请"与"请勿"》。

（一）请自觉遵守《中学生守则》《中学生日常行为规范》《侨联中学学生管理手册》。

（二）本班学生还请自觉、严格遵守如下管理规则。

1. 请按时上学、放学，请勿过早到校；放学后请立刻回家，请勿在校内和校外聚集、流连。

2. 孝顺父母，请勿顶撞父母、长辈，主动帮助家长做家务，上学前、放学后主动向父母、长辈问好，并每天向父母报告在校的学习情况。

3. 上学、放学注意交通安全，请严格遵守交通规则，请勿在马路上打闹、追逐、嬉戏；骑自行车的学生请勿搭载他人，车座不能高于腰部，横过马路时请推车，在天桥上请勿骑车；乘车或步行上学的学生过马路请按交通灯指示通行，并走斑马线或天桥。

4. 进出教室或其他场室时请保持安静，有秩序地进出；注意文明用语和以礼待人，请勿讲粗口、打架。

5. 课前、课间、课后请勿在教室、走廊或校内的非运动场地打闹、追逐或大声喧哗，请时刻谨记轻声慢步。

6. 早读、上课、午读，请提早进入教室，准备好学习用品；打预备铃时，请全班同学在座位上坐好，班干部负责维持纪律；打预备铃后，由科代表带领全班读书，至教师示意后停止。

7. 早读前请交齐作业，请勿欠交、迟交作业；值日工作请在早读、午读前完成，值日生全天进行保洁。

8. 早读、课前读及午读请做到响亮、整齐、准确，并保持端正的坐姿。

9. 若迟到，请在前门外立正、敬礼、报告，经教师或值日班干部批准后，进入教室，并迅速、安静地坐好，迟到时请勿从后门进入；下课后，请立即向任课教师及班主任说明迟到的原因。

10. 上课时，任何学生请勿顶撞教师，如遇到不懂或有异议的问题，请先举手，待教师示意后提出问题，请注意要虚心、诚恳；请勿起哄、取笑他人，请专心地听其他学生回答问题，如有不同意见，请先举手再发表自己的意见，时刻尊重其他学生，语气要得体。

11. 请勿在自习课及教师未到场的情况下说话、吃东西、随便离开座位或离开教室；若有事，请先向教师或值日班干部报告，经同意后才进行。

12. 上课时，请认真听讲，做好笔记。请勿转笔、喝水、吃东西、睡觉、开小差或交头接耳等。

13. 请认真利用好在家或在校的自习时间，合理安排时间，认真完成作业，全面复习，提前预习，请勿抄袭、互相参考作业或代做作业。

14. 请过好健康、安全的周末和假期，劳逸结合，请勿到游戏机室、网吧等不适合未成年人的娱乐场所，请勿吸烟、喝酒，请勿访问不良网站、网页，请勿玩暴力、色情的网络游戏等。

15. 进教师办公室请在门外立正、敬礼、报告，教师示意后方可进入，请勿在办公室内喧哗，未经允许请勿在教师的桌子上乱翻东西；尊敬师长，遇见教师请主动问好。

16. 请严格遵守学校的考勤制度，请假手续须齐全（提前写好请假条，请家长签名），并及时向考勤人员报告，考勤人员请及时登记好，以备查验。如因急事请假，请及时电话联系班主任。

17. 凡升旗、开会、课间操或到场室上课，请坐在两边的学生负责关好窗户，由值日班干部负责关电源、关窗、锁门。

18. 请严格遵守学校有关仪容仪表的要求，穿校服、戴红领巾和校卡；勤剪指甲、头发，勤洗红领巾，爱护校卡、校服，不配戴首饰，使用双肩书包，书包上不挂饰物。

19. 请勿在校园、教室内随意乱扔垃圾，保洁员负责监督好。

20. 若要在校内吃喝，请在教室内进行，请勿边走边吃喝，包装袋、瓶子等一切垃圾请分类放进走廊尽头的垃圾桶内，请时刻保持教室的清洁卫生，请勿在教室内乱扔垃圾。

21. 请爱护一切公物，请勿在桌椅上刻、写、划，损坏公物要赔偿，请保持桌椅整齐。

22. 集队、开会、到场室上课时请保持安静，集队做到快、静、齐，开会做到准时、认真、严肃，到场室上课请保持场室的清洁、爱护一切设备设施。

23. 请注意安全、小心推拉玻璃门窗，请勿擅自带小刀、剪刀、打火机等危险品到校。

24. 请男女学生正常交往，请勿串班、串级、串校或结识社会青年。

25. 请遵守《市桥侨联中学餐厅用餐管理制度》，请勿浪费粮食、喧哗、插队、打闹及影响他人就餐。

26. 在校午休的学生请遵守学校午休制度，不迟到、不缺席、不提前结束午休；午休期间做到不相互干扰、不讲话、不随意走动，服从午休管理员及值日教师的管理。

再次，积极开展有特色的班级活动，家长、学生积极参与。除了开展各种围绕主题月的活动和"六育"活动，还要开展围绕"立品教育"文化理念的活动，如开展尚品读书节、立品大舞台、立品实践行、立情艺术节等活动。班会课要有主题，积极倡导微视频、电视视频的教育，如《感动中国》《今日说法》等。

最后，营造整洁优美、积极向上的班级环境。教室外有班级文化展示牌，教室内有读书角、宣传园地、激励标语、学生展示墙、休息沙发，并配有储物柜，还有绿色植物点缀。

另外，每学期在举办红棉文化节时开展一次班级文化建设评比活动，开展班级理念、班徽、班训等展示交流活动。

学校班级文化建设活动丰富多彩，各个班级通过组织对电影、电视的评论等来形成学生的是非观；运用典型事例、墙报、黑板报、专栏等宣传正确的舆论，批驳错误的舆论；开展丰富多彩的家校互动活动，如"我家一道菜、幸福一道菜"实践活动，形成班级家校联动的氛围，以无形的力量影响和教育学生。学校德育处还组织进行"德才红棉班""尚品先进班"评选等，营造班级建设争先氛围。

学校通过班级精神文化、制度文化、活动文化和环境文化建设，不但能有效调动学生学习与实践的兴趣，而且能使学生形成良好的品德，塑造积极向上的班级精神，促进学生健康成长。

三、品位，在景观文化中浸润

（一）可爱的吉祥物

走在侨联大街，穿过古色古香的具有岭南特色的学校大门，映入眼帘的是一对活泼可爱的吉祥物"侨侨"和"联联"。他们的眼睛大大的，脸蛋红红的，一个手里拿着书配上胜利手势，另一个手里拿着笔来个点赞姿势，十分惹人喜爱。

我们都知道，吉祥物是学校的一张文化名片，是学校历史文化、办学理念、办学特色、人文精神和品牌形象的结晶体。所以，我一直希望学校有个吉祥物文化标识。为了进一步推进文化立校，开展立品教育，向全校师生、家长及社会展示侨联精神和风貌，2017年，我结合学校红棉文化开始酝酿学校吉祥物。在行政班子和其他同事的支持下，我于2018年年初向全校师生、家长征集学校吉祥物设计图，特别发动美术特长班的学生积极参加，对他们来说，这是个很好的锻炼机会。一个月后，近 200 份吉祥物设计图呈现在大家眼前。经过初评，我们选出 30 份作品进行公示，又经过师生投票精选出 5 份。然后，我们请来设计名师，结合学校的红棉文化和立品教育理念进行修改，并经过行政会议和公示确定了学校吉祥物，如图 4-18 所示。

图 4-18　学校吉祥物

学校吉祥物寓意：

以红棉花为主要形象，吉祥物的手脚结合中国传统元素——祥云，胸前有清晰的校徽图案。女生跳着欢快的步伐，右手比画着胜利的手势，男生右手握着画笔，左手做着点赞的动作，突出了美术办学特色。两个可爱的人物形象自信、快乐、阳光、健康。吉祥物采用中国传统文化元素、学校特色元素与现代艺术相融合的手法，表现文化的传承与创新，凸显了红棉风骨，承载了红棉的品格，呈现了内外兼美的侨联人形象。吉祥物形象可爱，识别性强，可塑性强，有利于把立品教育个性化、品牌化、系统化，便于传播及后续推广宣传。

（二）眷恋的校园

"哇，原来番禺出过这么多有名的人物啊！"

"咦，这不是蚝壳墙吗？"

"你们快来看，这个同学画得很好看，好想和他探讨一下啊！"

在新建的岭南文化长廊下，时常聚集着不少师生，他们口中时不时发出这样的赞叹之声。

所谓"随风潜入夜，润物细无声"，我始终认为，教育需要一种意境和氛围潜移默化地影响学生。学校文化提炼后，我按"精致、刻骨"的环境定位，结合岭南文化特色，重新规划校园环境，使校园充满书香气息、岭南特色、红棉精神，在一草一木中折射立品的内涵，在一砖一瓦间彰显立品的气质。在校园文化长廊中，最先映入眼帘的便是学校的办学宗旨和校训，接着就是关于岭南地区特色文化的介绍，以及学生优秀作品的展示。立品长廊融艺术性、文化性与现代化于一体，既有传统的文化底蕴，又有浓郁的时代气息。漫步立品长廊，学生可以跨越时空，与历史对话，与世界交流，加强对于家乡文化、校园文化的认同感和幸福感。立品既是学校的文化品牌，又成为师生所追寻的理想境界。

学校环境是学校文化的外在体现，是思想教育、精神陶冶的依托，是学校内涵和文化底蕴的重要体现。为了让师生参与到学校的环境建设中来，我以"立品教育"为主题，向全校师生征集校园景观名称。

仅仅一周时间，学校就收到了师生110多份意见书。最终，我们根据简瑞萍老师的建议，结合学校实际情况，确定了"立品长廊""科技长廊""明志广场""神韵雕塑""杏亭溢香""古木流芳""红棉辉映""曲径红英"校园八景，还确定了"尚品读书角""印象侨联厅"等富有诗意的校园环境建设方案。

接着，我又进一步广泛征集师生意见，进一步完善、统一学校各种形象标识，制作并美化各类融入校徽与校训的指示牌、班牌、文化牌、宣传栏等。例如，把校徽、校训、校歌、校旗渗透在校园文化的每一处，在学校显眼位置展示校徽、校训、办学理念、办学思路，班级牌融入校园文化主题，班级内设置文化展示栏（如展示班名、班徽、班旗、班风、班训、班口号、班级全家福等），课室走廊有主题宣传（如名人画像、师生作品、学校活动剪影等），校园草坪、楼道、功能室等设有温馨提示语等。

根据"自信互助，立品成才"的校训，学校四座建筑物分别以校训命名为"自信楼""互助楼""立品楼""成才楼"。教学楼一楼设"博容堂"展示中心，并在自信楼和互助楼的楼层长廊内设"群英廊""国韵廊""励学廊""英华廊""垂范廊""尚学廊"等文化长廊；实验楼、综合楼则围绕各楼层与功能室的布置，设"廉洁廊""养学廊""弘智廊""善学廊""守静廊""悦心廊"等文化长廊；篮球场围墙是基于岭南文化的"立品教育"文化墙。所有这些让师生处处感受到学校丰厚的文化底蕴和红棉风骨。

为了进一步凸显校园特色文化，学校在各楼梯间和围墙上加装了以"环保""科技"为主题的宣传栏，以强化学校科技特色教育的氛围；展示了学生的美术作品，给人以美的享受，并突出了侨联中学美术教育特色；科技广场设"科技文化长廊"石浮雕；校道两旁设有"安全教育""心理健康教育""志愿者服务"等宣传长廊，充分彰显学校的特色项目教育品牌。

此外，学校建有环境、科技、心理、美术等专用特色场室，有效促进了特色项目的发展。根据新综合楼的建设，我还计划在校园中建"风骨"主题雕塑、"弘毅"主题校道、"博纳"主题大厅等，让环境文化浸润师生心灵，彰显侨联中学特色。

关于教师办公室，我提出物品摆放要规范、整齐，室内点缀绿色植物，设立谈心接待室，配备冰箱、微波炉等，并布置写有"静下心来教书，潜下心来育人""静以修身，学以育德""上善若水，厚德载物"等的师生书法作品。办公室如同家庭般温馨舒适，而且教育气息浓厚，可以让教师静心读书、思考，舒心工作、学习和成长。

一草一木皆关情，在侨联中学，教学区与运动区分开，校内绿树成荫，环境宁静幽雅，自然生态环境与人和谐共生，这些可以为师生创建一个安全、舒适宜人的学习环境，这就是我追求的"立品校园"。

学校文化建设过程，既是学校的发展过程，也是师生精神与价值的提升过程。这个进程不是一蹴而就的，而是一个长期的发展过程，是学校师生长期共同努力奋斗的过程。

　　学校的管理在于文化管理，一所学校的发展看文化，文化是学校的根和魂。提炼学校文化，培育学校文化，通过环境文化、课程文化、活动文化和制度文化，凝聚师生精气神，感动师生，成就师生，让魂在立品文化中凝结，让学校在文化引领下辉煌。正如绚丽的山景有了山魂更显雄伟和壮丽。

第五章

山外有山

路漫漫其修远兮，从山叶初开去寻品到攀登高山树立品牌，人生如同一场不断完善的"修行"。校长，是学校战略发展的规划师，文化建设的缔造者。文化引领，立学校之品，让学校的品影响更多的师生和家庭，进而影响更多的人，让教育之树常青。无限风光在险峰，历经艰辛坚持攀登到山顶，来不及欣赏层峦叠翠、郁郁葱葱，更有连绵起伏的高山出现在我眼前。

第一节 "修行"，永远在路上

我虽担任校长管理角色近 20 年，也参加过不少培训、进修、学习等，在学习与实践中努力拓宽视野，丰富内涵，改进教育观念，促进学校全面发展，提升师生成功感和幸福感；但我总觉得知识水平有限，还有很多做得不够之处，离自己的教育理想和人生"航标"还差很远很远……有时踽踽独行，有时三五相伴，有时结队而行，一直在路上，一直在成长。

一、课堂改革是进行时

(一)再回首，十年课堂改革筚路蓝缕

2009 年 8 月，我来到侨联中学担任校长。这是一所市桥城区的老学校，学校的教学成绩一直位居番禺区前列，与之前我负责管理的农村学校相比，无论是教学环境，还是师资力量，都差别很大，心想这里的工作应该比较轻松……

然而初来乍到，就接二连三地接到家长们的投诉，主要涉及以下方面：第一，教师拖堂情况严重，有时学生课间连上厕所的时间都没有；第二，傍晚无法按时放学，家长在校门口苦候多时；第三，作业量过大，有的学生甚至做到晚上近十二点都无法完成。显然，家长们对教师的教学时间、作业布置、课后辅导并不十分认同。我决心不急不躁，先从了解教师入手，逐步解决家校矛盾。

2009 学年上学期，我坚持每周深入课堂听课，从七年级到九年级、从会考科目到非会考科目、从新授课到复习课，在反反复复听课、观课中我发现，我们的教师绝大部分都非常勤勉，但有的教师教学观念比较传统，一节课 40 分钟以教师讲授为主，学生被动接受知识，课堂气氛总体比较沉闷；理科课堂教学中，精选题目不充分，学生的解题速度比较慢，课堂的教学效率并不高，教学内容讲不完必然导致拖堂情况严重。教师们为了保证和提升教学质量只好加大课外作业量和抓紧课后辅导。这样导致教师们教得累，学生们也学得累，有时还得不到家长的认同。不能提高教学质量，要使教学成绩再有新飞跃，难度可以想象。

怎么才能改变教师固有的教学理念，注入新的教学思维和教学模式呢？作为校长，我一直在思考。我曾经邀请一些专家、学者到校开展讲座，但对于理论的讲授教师们并不十分接受。于是，我让全体教师走出校门，分批到山东杜郎口中学学习，让教师切身体会"以学生为中心"的课堂是如何实施的，小组合作学习是如何践行的，有生命力的课堂与沉闷的课堂有多大的区别。

山东杜郎口中学之行，让教师们收获颇丰，以下摘录部分教师的学习感受：

杜郎口中学的课堂教学十分有特色。课堂充分体现出以学生为主体的特点，无论是课堂的组织，还是小组的学习与讨论，都由学生干部主持，教师仅仅对于某些问题进行点拨。他们打破了常规安静的、有序的课堂秩序。走进杜郎口中学的教室，你会发现学生们站着上课，围绕着四面的黑板转动，他们经常三三两两地走在一起讨论，有时甚至连哪位是任课教师你都会分不清楚。但就是这种打破常规的课堂教学改革，却能充分开发学生的各种潜能，培养出学生的自信心与大气风范。

（余颖娴老师）

杜郎口中学的教学工作，给我印象最深、令我深感震撼的是该校的课堂教学。在到杜郎口中学之前，我还特地准备好新的听课本，但等上课后，才发现听课本根本就派不上用场，那样的课堂根本无法做笔记。

其模式令人耳目一新，课堂真正成了学生的"天下"，把学生的主体作用发挥得淋漓尽致。首先，互相帮助，这种合作讨论式学习，可以通过学生之间的平等讨论来解决问题，使学生的成绩不会有大的差距，使他们都能听得懂、学得会。其次，自由，他们上课讨论、听讲都集中到前面，蹲、坐、站均可，这使他们的好动的天性得到释放。再次，轻松，上课学得会，气氛和谐，不是端坐在那里一动不动被动地听，这样就不会感觉乏味和疲惫，而是一种愉快的学习。台上与台下一派和谐、热烈、忙碌的场景，这也是他们课堂改革的成功之处。在教学中，教师要给学生一个足够的空间，从而体现他们的主体地位。

（韩万钧老师）

这次学习实践活动充分拓宽了教师们的教学视野和教学思维。随后，学校又开展了多次教学研讨活动，让教师们交流、观摩，并感受、反思自己的教学行为和教学方式，推进教学观念的转变，树立"以学生的学为中心"的现代教学观，大胆进行课堂教学改革。一时间，学校教育教学氛围活跃起来。

2012年年初，适逢番禺区全面启动"研学后教"课堂教学改革，我紧紧抓住这个契机，紧跟番禺区的部署，以行政手段大力推行课堂改革。

课堂改革大潮铺天盖地，侨联中学全体教师都加入课堂改革大军的行列。我邀请了时任象贤中学校长的谭小华到校为全体教师进行"三元整合课堂教学模式构建和实施"的专题讲座，并组织全校各科组的任课教师分批到象贤中学进行对应学科的听课、交流，让教师们深入区内课堂改革的先进学校进行学习。我还邀请深圳某中学的刘主任、番禺进修学校的江凤贤主任、番禺区教研室的姜涛老师等来校指导"研学后教"课堂教学改革实践活动。我也根据自己的领悟和对课堂改革的设想，对全体教师、学生进行关于课堂改革工作的动员和布置，并在教师学习例会中开设"侨中论坛"，让教师展示课堂改革的得与失，分享课堂改革的经验。课堂改革由点带面，全面推开。

在课堂改革的大潮中，我让教师们从模仿"杜郎口模式""象贤模式"

开始，到结合学校的实际打造出具有本校特色的"自主合作·多元评价"的"侨联模式"，再根据每个学科的特征提炼出具有学科味道的"学科模式"。让每位教师经过真实的教学探索，在实践中反思与修正，一步一步往前走，构建科学有效的课堂教学模式。

在课堂改革中，必然会有一批先行者，也会有一批后行者。后行者往往说："我年纪这么大了，教了几十年书，新的研学案我不太懂。"有的说："这样的分组办法，使学生很乱，课堂很难管理，我不赞成。"还有的说："为什么要统一研学案？我的教案已经写了几十年，有问题吗？"

有些家长质疑："这样的课堂行不行啊？学生可以站可以坐，很多内容老师又不讲，学生能否学到东西？"

面对不同的声音，我对课堂改革的决心和信心没有改变。于是，我采取"一手硬一手软"的办法全面推动课堂改革工作。"硬的"办法就是采用"行政驱动，骨干带动，评价触动，论坛推动"十六字方针，从制度层面、绩效层面要求人人参与课堂改革；"软的"办法就是以行政班子成员、部分课堂改革骨干教师为标杆，先树立榜样，做通部分教师和个别家长工作，让他们统一认识、充满信心，从思想上、行动上支持课堂改革并参与课堂改革。

"方老师，你看咱们同事丽娟都说她女儿在我们学校读初二，每天作业要做三个多小时，经常写到晚上 11 点多。她作为同事和家长都认为我们老师布置的作业比较多，课堂也经常拖堂，你说我们要不要改？"我与同事方老师交谈着。

我既做同事的思想工作，又做家长的思想工作，回复他们的信息，解答他们的疑惑，并在家长会上就课堂改革工作做动员讲话。

以下是我回复其中一位家长的信息。

怡欣家长：

您好！

我们学校课堂改革的目的和出发点就是孩子的健康成长和发展。我们希望通过教学方式、方法的改革，改变以往部分教师"一言堂"的传统模式，提高课堂效率，减少作业量，让学生既得到锻炼，又能减轻负担，学到东西。我们这样的课堂，学生的主动性更强，参与机会更多，与小组同学是合作共赢的关系。这既符合新课程改革的理念，即让学生自主、参与、合作，又符合"金字塔学习理论"，让学生通过交流、展示，通过"兵教兵"学得更牢、更有效，在这种课堂模式下成长的学生会更大胆、更自信、更会说、更健康。请相信学校，支持学校。感谢您的信息。祝健康、幸福！

叶常青

经过一段时间的努力，教师、家长、学生都充分认识和理解了课堂改革工作的重要性和具体实施措施，并愉快地投入其中，课堂改革工作得以顺利推开，一场静悄悄的"革命"拉开了序幕。课堂在变，教师在变，学生在变，整个学校教育教学都在变，一切都在向更好的方向发展……

但我深知，课堂改革之路不可止，是个进行时。

远眺群山，我有了新的思路。

（二）抬望眼，课堂改革再出发

一是明确"一个定位"。学校发展必须符合时代要求，时代在变，学校在变，课堂也要变。课堂改革是永恒不变的话题，是进行时。过去如是，今天如是，明天也是。课堂也要"供给侧"改革，改变旧模式……让课堂以问题为导向，以学生的学为中心，把时间还给学生，融合现代信息技术，强化师生双边关系，教师授之以渔，让课堂永远充满生命的活力。

二是落实"两个关键"。第一个关键是继续深化"侨中论坛"。师生教育教学的困惑、经验在论坛交流，使论坛成为教师、学生思想碰撞的平台，智慧萌芽的芳草地。"侨中论坛"的深化可以更好地促进课堂改革，促进师生成长，促进学校发展。第二个关键是深化师生评价改革。开展教学观摩活动，让家长和社会人士等多维度、全过程深入评价课堂，评价教师，并以研讨课、优质课、创新课评比为契机，充分开展说课、磨课、评课、议课等活动，从而提升课堂教学质量，促进教师专业发展。

三是抓住"三个中心"。一是以课堂为中心。教育教学的中心在课堂，所有的常规环节核心在课堂，课堂兴则校兴，课堂活则校活，坚定不移向课堂 40 分钟要质量。抓好课堂教学目标、方法、重难点和分层练习的落实，以及师生情感、态度和价值观的体现。进一步建立高效、有活力的"立品课堂"模式。二是以学生为中心。以学生有收获、有成就感为目标，让学生学会学习，学会合作，懂得做人，健康快乐成长。三是以质量为中心。质量是学校的生命线，没有质量就没有学校的发展。要内化师生教育教学质量观，规划师生教育教学质量目标，监控师生教育教学质量过程，落实师生教育教学质量评价，并建立完善学校教育教学质量评估体系。

二、持续提升教师幸福认同感

（一）一路同行，让我幸福着你的幸福

百年大计，教育为本。教育要发展，教师是关键。因此，校长发挥好教师的积极性与能动性，将有力地促进学校的长足发展。

职业倦怠在教师群体中或多或少都存在。职业倦怠最早是由美国学者费登伯格在 20 世纪 70 年代提出的，是指人们在紧张和繁忙的工作中受情感、环境等内外因素的影响而出现的一种身体不适、心理衰竭、情感封闭的亚健康状态。侨联中学的教师平均年龄为 46 岁，个别中老年教师进取心退减，出现了职业倦怠现象，这个问题将成为学校发展所面临的一个重要问题。

于是，我又开始读书、思考、找解决的方法，这个工作习惯已经跟我的生活融为了一体。魏书生是我极为喜欢的一位名师，他的文章朴实，教育方法多样，其思想理念对我很有启发。我读到他的一句话："教师应具备进入学生心灵世界的本领，不是站在这个世界的外面观看，更不是站在这个世界的对面牢骚、叹息、愤慨，而应该在这心灵世界中

耕耘、播种、采摘，流连忘返。如果真能这样，那他将感觉到自己日夜生活在幸福之中。"①这句话让我立刻就在脑海中转化为："校长应具备进入老师心灵世界的本领，如果真能这样，那么校长也会感觉自己日夜生活在幸福之中。"

是的，为解决问题找方法，一定会有方法的，只是自己没想到。

于是，我开始苦苦思索，而且也翻阅书籍，思路逐渐清晰。

我要让教师学会清空自己，寻找新的目标。

在教师大会上，我发给教师每人一张纸，让他们写写从教这些年来自己认为最值得骄傲的事，刚开始的时候，教师们还在冥思苦想，慢慢地，写得越来越多，都停不下笔来。然后，我让教师们分享、交流，不出所料，教师们分享起来格外动情，特别是那些培养了优秀学生，并取得了不错成绩的教师，说起自己的职业生涯都充满了感恩之情。教师在这个时刻，无疑是最幸福的。

"在座的老师们，大家都辛苦了，我也跟你们一样，无比热爱这一份事业，当然也有累的时候，但是累完还继续爱着。"我微笑着总结到。

然后，我给教师讲了一个故事。这个故事是这样的：南隐是日本明治维新时代的禅师。有一天，一位当地名人特地来向南隐问禅。名人喋喋不休，南隐则默默无语，只以茶水招待。他将茶水注入这个访客的杯中，杯满之后他还继续注入，这位客人眼睁睁地看着茶水不停地溢出杯外，直到再也不能沉默下去了，终于说道："已经溢出来了，不要倒了。"南隐意味深长地说："你的心就像这只杯子一样，里面装满了你自己的看法和主张，你不先把自己的杯子倒空，叫我如何对你说禅？"

我继续对教师说："南隐禅师教导的'把自己的杯子倒空'，不仅是佛学的禅意，更是人生的至理名言。心太满，什么东西都装不进去；心

---

① 王惠民：《教育的魅力——我的教育情怀与求索》，136～137页，石家庄，河北人民出版社，2010。

不满，才能有足够的空间。因此，在我们的职业生涯中，不要把自己装得太满，要学会清空自己，只有这样，我们才能有足够的空间来承载后面的精彩人生。"

"老师们，如果我们把所有这一切清空，就像回到我们刚毕业参加工作时的情形，我们是不是也充满了热情呢？如果在清空的时候留下我们这些年来的经验来给自己重新定位，我们是不是可以走向另一个高度呢？"

教师们开始沉默，我知道他们在思考。

然后，我发给他们一张纸条，里面有两句话：一句是"未来的三年、五年、十年，你想成为一个怎样的教师？"另一句是"假设在你 80 大寿的生日会上，你最想跟你的孩子或者你最爱的人说些什么？"

教师们都笑了，继而又陷入沉思中。我注视着一位年长的教师，看到她眼中闪动着晶莹的光……

最后，我说了一句话："老师们，如果我们每个阶段都有梦想、目标和追求，那么，我们永远都活在青春洋溢的 20 岁。"

安静的会议室，响起一阵掌声和欢笑声。

这一次的教师大会后，教师们的精神状态明显比以前有所改变，他们脸上的笑容多了，做事的积极性提高了，连走路的步伐都轻快了。

读懂很重要，只有怀着一颗柔软的心，进入教师们的内心，体察他们的忧与乐，才能与他们并肩作战，一起幸福地奋斗。

(二)展望未来，幸福再出发

教师职业倦怠会带来很多不良影响，如教学质量下降、人际关系紧张、自我身心受到伤害，以及导致教师队伍的高流失率，严重影响教师队伍的稳定和国家教育事业及整个社会的发展。我认为靠一两次教育疏导是不可能完全消除教师职业倦怠现象的。要想消除教师职业倦怠现象，还要找找教师职业倦怠的成因，有针对性、有实效地找对策，从而提升教师的积极性。

教师职业倦怠的成因有很多，主要有以下几种：一是教师对职业认同感产生高原反应，有冷漠感、乏味感，甚至出现消极心理；二是部分教师自身的不良性格；三是社会对教师过高的期望值，大大增加了教师的精神压力；四是不够完善的评价体系往往造成教师内心的矛盾冲突；五是部分教师缺乏职业理想和职业追求；六是新型师生关系带来的冲突和挑战。

了解了教师职业倦怠的成因，我们就要多找办法预防和消除教师的职业倦怠现象。

首先，校长要树立正确的教师观。校长要明确教师是学校教育教学的主力军，充分调动和发挥教师对教育教学工作的积极性和创造性，切实做到尊重教师、关爱教师，多与教师沟通，重视教师个人的主体性与价值，并给予教师足够的支持，提升教师的幸福感。比如，在经费上大力支持教师进行在职进修、学历提升和学术交流，以促进教师的知识、理念和方法的更新，提高教师自我发展能力和教育教学质量。

其次，建立一种长效机制。一方面多管齐下减少或消除教师的职业倦怠现象。就学校而言，一是要营造良好的工作环境，让教师在工作中学习，在学习中工作，在工作与学习中品味生活；二是改进学校管理方式，增加对教师的精神支持和物质支持，如优化学校的人员配置，改善工作条件，通过管理机制为教师提供更多的时间，支持教师的教学及对教师的劳动予以认可和积极评价，帮助教师解决工作中的问题；三是要为教师个人及其家人着想，竭尽全力帮助解决教师个人及其家人在工作和生活中的困难，使教师有认同感、归属感；四是要多为教师进行心理疏导，为教师减压，多开展拓展、团辅等活动，让教师走出亚健康状态。就教师个人而言，一是要努力形成乐观、自信、积极的生活态度。多与他人交流、沟通，倾听别人的工作经验和工作感受，缓解压力，走出自我封闭的状态。二是要树立正确的职业观念。教师的职业观念是指个人在教师职业中所体现出来的态度。教师的价值是在教育教学中体现的。教师职业是光荣的，工作是繁重的，但如果有高度的事业心和责任感，全心投入教育事业，那么这一职业中的许多困难都会逐步克服。三是加强体育锻炼。锻炼既可强健体魄，又能使人在运动中放松身心，调适心理，还能建立同事、朋友等相互交流的群体，促进身心健康发展。四是丰富文化生活。教师要学会劳逸结合、品味生活，平时多参与一些有益于身心健康的活动，调整心态，放松自己。

最后，促进教师的专业发展，提升其职业成就感。我认为可以通过以下几方面提升教师的专业知识、专业能力、专业精神和专业态度。一是树立终身学习的理念，不断进修，积极开展阅读、写作交流活动；二是积极开展行动研究。比如，初中班会课微视频实效性的行动研究，初中生心理疏导的行动研究，某学科利用微课教学的行动研究，等等。三是积极撰写教学反思和教学案例，并不断修正提升。四是通过同伴互助促进自己的专业成长，积极加入各种工作室和各种专业学会。五是积极申报课题，通过课题研究引领自己的专业发展。六是发挥专业引领的示范作用，不断总结、提升、传播，从而促进自己的专业成长。

(三)教师专业成长

在教师的专业成长方面，我想分享一个身边同事的成功案例。

苏老师从2001年大学毕业至2019年在侨联中学任思想品德教师，有14年毕业班教学经历，14年班主任管理经历。2003年担任学校政治科组长，2017年任副级长，2018任年级级长。2002年被认定为中学二级教师，2006年被评定为中学一级教师，2010年被评为中学高级教师，2010年被推选为番禺区首届名校长、名教师工作研究室研修人员，2012年被评为番禺区首届中小学骨干教师，2012年被评为广州市第二届中小学骨干教师，2017年被推选为广州市基础教育系统新一轮"百千万人才培养工程"中学名教师培养对象，2010年至今被聘为番禺区特约教研员。

综观苏老师的成长轨迹与成功经验，就我的观察与了解，他在专业发展方面把握了如下几点因素。

一是专业精神。他热爱教育工作，勤教乐教；工作踏实，勇于钻

214

研；积极肯干，勇于担当；虚心好学，与学生亦师亦友。

二是专业素养。他熟识课程标准、教材及中考方向和前沿信息；勇于创新，教学独特；课题研究有效；学会科学命题；努力提升教育教学能力。

三是专业实践。他重视职业规划；善于学习，乐于尝试；积极积累教学材料及成果；乐于参加教研活动及各类竞赛；大胆传播、辐射教学实践。

此外，他有清晰的专业发展规划，抓住了专业成长的几个阶段，从新手教师，到骨干教师，再到名教师，每个阶段他都能积极参与教育教学工作，都有不少成果。我想，再经过几年的努力，他在专业成长上将会有新的突破。

每个人都需要专业成长，都需要成功，而专业成长有三个很重要的要素，那就是目标、时间管理和压力应对。

哈佛大学商学院做过一个"目标威力"的实验，对即将毕业的一群学生进行了一次关于人生目标的调查，这群学生的智力、学历、环境条件基本上相差无几。哈佛大学对这群学生进行了跟踪调查，结果是这样的：3%的人有长远且清晰的奋斗目标，25年后，他们成为行业领袖、政界要人；10%的人有短期清晰的奋斗目标，25年后，他们成为社会的中坚阶层，如律师或教授；60%的人目标不甚清晰，25年后，他们安逸地生活和工作，没有特别的成绩；27%的人没有任何目标，25年后，他们过得很不如意，并且常常埋怨别人、抱怨社会、埋怨这个"不给他们机会"的世界。

"凡事预则立，不预则废。"制定合理的目标，且锲而不舍，努力实现目标是教师专业成长的最佳方法之一。

三、仁德爱人乃人之本

(一)学校管理：我的求仁旅途

如果说繁忙的管理工作让我无暇休息，那么，读书便是我最喜爱的放松方式；如果说事业中的各种艰难让我不免有情绪低落的时候，那么，读书便是给我的最好的慰藉。沏一杯清茶，小小绿尖，遇水承叶，一杯清茗沁人心脾，我随手拿起的是百读不厌的《论语》。

我爱《论语》，我喜欢沉浸在圣人哲思的光芒中，一遍又一遍地琢磨和沉思，我感觉我是在用生命触摸、体验儒家文化的心泉。北宋时期著名政治家赵普曾以半部《论语》治天下，而我在对学校的管理中，也深受此书的启发。

上任之初，我发现个别教师工作散漫，特别是教学任务比较轻的教师，迟到早退之事屡有发生，工作责任心也不强，类似消极现象给学校教师造成了不好的影响。

这时，我想起了《论语》中所说的"道之以德，齐之以礼"，用道德来引导人们，用礼法来规范人们。《论语》认为，权力的根基在于仁德，管理的关键在于人心，而人心的管理在于教化。权力即教化之权，示范之力，叫作"为政以德，譬如北辰，居其所而众星共之"。因此，我决心从"德"入手，以"德"服人。

我开始对个别经常迟到早退的教师做一些基本的了解，如迟到规律、家庭情况、个人喜好等，从中选出一个特殊的对象作为切入点。比如，文老师常迟到早退。最初，我常常在他回校的时候到他的办公室走动，见到他就主动打招呼，不说什么，也就笑笑。如此几次三番，他好像有点不好意思了，迟到的次数也就少了。有一天，我知道他请假了，理由是陪妈妈到医院看病。当天下午，我特意在走廊与他"邂逅"，问候他妈妈的病情。他说是老人家关节的问题，治疗了几个月也没有什么效果。我正好有一个朋友是这方面的专家，便说介绍给他，还给了他医生的联络电话，他挺高兴的，这是我第一次在他脸上看到真实的笑容。

又过了一段时间，我去教师办公室的时间少了。但是，出现在学校各个角落的时间多了。我巡查学校各方面的情况，在教师开会的时候，我把巡查到的情况一一进行总结，对教师们做得好的地方加以肯定，并提出存在的问题，有时还"有图有真相"。每一个问题的总结都有具体的时间，还特意对文老师做得好的地方看似轻描淡写而又合理地表示肯定。就这样，过了一段时间，我发现不但文老师，连别的教师也勤快了不少。在无数个没有规律的早上，我微笑着站在校门口迎接教师们回来，亲切地跟他们打招呼，慢慢地，教师们也都能够按时到校，并且积极地投入工作中去。我还不定期地请专家到校为教师开展关于教师职业生涯规划的讲座，让教师对自己的前程和未来有一个清晰的目标和追求，从而明确自己奋斗的方向。

当然，除了用道德来教化，还要用"礼法"来规范。一方面我强化教师应清楚学校的考勤、请假制度，不可有违之。另一方面学校允许教师有急事可以临时向级长或值日行政人员请假，过后再补手续，而且半天内的可直接向级长请假；如果教师第一节没课要送孩子上学的可推迟一点到校并相应推迟一点离校，机动灵活操作。这样的话，在一个大原则下，教师觉得学校管理制度既有一定自由又有人情味，幸福感油然而生，也就能更安心、愉快地工作了。

我常常在小事上去感化教师们，真心真意地对待他们。教师生病住院了，我亲自到医院去慰问；教师的亲人去世，我让工会周到地做到安抚工作；教师有事请假，只要不违反上级政策，我都予以理解；教师的孩子在我们学校就读，我让级长策划一系列帮助孩子们进步的学习活动，并在生活上给予照顾，让教师的家庭得到安顿，从而安心工作。只要是学校可以做到的，教师的一切合理要求我都会尽力相助。久而久之，我们侨联中学的同事相处得就像一家人，无论哪位教师有困难，大家都愿意齐心协力地相助，所以，教师们心里最大的感受是：幸福侨联。

孔子对君子的期待既务实又理想，我在不断攀登追逐并践行着。"克己复礼""天下归仁"的理想，让人向往，更在学校的管理中发挥着作用。

（二）展望：让"人"成为学校文化的核心

学校的管理经历了从经验管理到制度管理再到文化管理。文化管理是最有效和长久的管理方式。文化是学校的魂，学校有了文化才有精气神。正如山上的风景，有了气，有了韵，有了魂，才会更美。

文化管理是从文化的高度来管理学校，以文化为基础，强调人的能动作用，强调团队精神和情感管理，管理的重点在于人的思想和观念。所以，校长一方面要重视以制度化、规范化为基础，继承传统经验管理、精细管理理论的合理成分，另一方面又要克服传统经验管理、精细管理理论的弊端，倡导以人为本的管理理念，实施以人为本的管理策略，培育师生的文化自觉，构建共同的价值观、和谐的人际关系、卓越的团队精神、高超的管理艺术等。

学校文化管理是以人为本的管理，强调人在管理中的主导地位，人是管理的最重要资源，尊重人的价值，调动人的主动性、积极性和创造性，全面开发人力资源，以实现组织目标、谋求人的全面发展为最终目的。让学校的制度管理、人本管理走向师生的文化自觉。

所以，我认为校长的学校文化管理主要有以下几点。一要重视人，以人为本。一切工作的出发点和落脚点都在人，让师生、员工和家长人尽其才，物尽其用。二要尊重人。尊重教师，尊重学生，尊重家长。让师生有归属感，学校是我家。让家长有幸福感，学校让我放心。三要激励人。学校通过各种方式评价、激励师生和职工，激发他们的能动性和创造性，学校以我为光荣，我以学校为骄傲。家长主体参与性得到发挥，家校和谐共生。四要发展人。学校通过激励教师积极参加培训、学习和进修，全面促进教师的专业成长，积极培养名教师、骨干教师和后备干部。着力于学生的自主发展和全面发展，培养德才兼备、全面发展且有个性特长的现代公民。一切从人的健康成长出发，让师生有成就感和幸福感，从而实现学校的可持续发展。

"雄关漫道真如铁，而今迈步从头越。"高山翠叠，山景秀丽，"修行"之路漫漫兮，校长攀登教育之山永远在路上。

第二节　登山，高峰不再高

"不畏浮云遮望眼，只缘身在最高层。"20多年的攀登，我经历过许多磨难，也收获了许多。我清晰地知道，学校要想取得优质发展，办好人民满意的教育，使师生形成文化自觉、健康快乐成长，还需要我们更加努力地自励，不断地攀登。

一、立品教育再升级

侨联中学树立立品教育品牌以来，取得了显著的办学成就，获得全校师生、家长的普遍认同和社会各界的赞赏，已经走出一条特色发展的康庄大道。卓越办学成效的取得，离不开全体师生的共同拼搏。同时，学校也遇到一些困难，存在一些不足。"欲穷千里目，更上一层楼。"我想既不能满足现有的成就而停止前进的步伐，也不能因为困难而踟蹰不前，我应在立品教育品牌的引领下，与全校师生砥砺前行，迎接新的挑战，开启新的征程。

我清醒地认识到，学校的管理还处于粗放管理阶段，学校组织架构和职能岗位不够合理、清晰，管理远未达到精细化、标准化和规范化的要求，更不用说文化自觉了。为此，学校必须变粗放式管理为精细化管理，按照规范化、标准化科学高效管理的要求，提升管理水平，以文化立校，建设优质学校。

促进教育教学走上新台阶，培育特色，创建名校，建设有特色的规范化优质学校，办好人民满意的学校，是每个校长的责任，也是我的教育追求。侨联中学以培养德、智、体、美、劳全面发展的社会主义建设者和接班人为目标，坚持"立品教育"，进一步实施立品教育升级版。

（一）以文化立校，构建科学高效的"立品管理"

以人为本，科学管理，形成现代学校管理制度体系；继续实施扁平化、精细化管理，探索现代学校管理模式和学校文化建设的契合点，构建"立品管理"模式，形成具有侨联中学立品教育特色的学校文化。实施立品教育，向文化立校、质量强校、科研兴校、特色弘校的目标迈进。

(二)以质量强校，构建扎实高效的"立品课堂"

以高效课堂为目标，以发展学生核心素养为根本，坚持立品教育，积极开展"自主合作·多元评价"课堂教学改革，落实好教学常规，促进学生全面发展，构建扎实高效的"立品"课堂，让"自主、合作、探究"在课堂中得以体现，培养具有"活力、情致、思辨、独立"品质的侨联中学学子。学校教育教学质量进入市区前列，学生综合素养得到全面发展。

以红棉文化为起源，以"立品教育"为核心，积极实施"立品"校本课程，成立课程研发中心，完善"德品、才品、艺品"系列特色校本课程，努力建设具有亮点的特色品牌课程。

(三)以队伍筑校，构建乐教善教的"三品教师"

建设一支团结友爱、奋发进取、教书育人、为人师表，由事业型向专业型发展的教师队伍；建设一支具有服务师生、服务教育教学工作、默默耕耘的后勤职工队伍。党支部抓好党风廉政建设，深入开展"三会一课"党建工作，增强党员的先锋模范带头作用，激发广大教师的工作热情。积极发挥工会的功能职责，充分发挥其民主参与、监督和调节作用，推动学校民主管理与民主建设，开展适合教师特点的健康娱乐活动，调节教师身心，提高教师的工作积极性，增强教师的团队意识。

加强教师的专业化发展，强化"三品"修炼，构建较完善的教师评价体系，引导和促进教师有自身发展的要求；加强校本研修，使教师的自主意识和创造能力等得到有效的激发和提升；推行"名师"工程，进一步提高名教师、骨干教师、特约教研员、中心组成员等的比例；教师爱国、敬业、诚信、友善，立志投身教育，服务学生，为人师表，教书育人，成为受学生、家长、社会尊敬的老师。

(四)以品格润校，构建立德树人的"文化德育"

学校以"尚品"为德育理念，实施文化德育，通过人文德育、生活德育、风雅德育和幸福德育四大途径，开展生动有效的德育工作。抓好学生养成教育、生命教育、成功教育等，内容具体化、主题化，形式多样化、生活化，实施课程化、全员化，让德育回归教育本源，培养懂伦理、明责任、爱公德、守法纪的现代中学生。另外，建立健全家校合作育人机制，扩大社会资源为学校师生服务。

学校每年开展红棉文化节、尚品读书节、岭南文化活动月、立德志愿服务月、立行科技体育节、立情文艺汇演等活动，每届学生均开展"走进侨中"立志会、大夫山"立品实践行"活动、"眷恋侨中"毕业典礼，还开展"印象侨中"——十年、三十年、五十年"我心中的母校"活动及众多师生社团活动。

（五）以环境美校，构建刻骨精致的"立品校园"

在岭南校园文化引领下，围绕红棉文化背景下的"立品教育"，按"刻骨、精致"的环境定位，进一步完善新综合楼、体育馆、图书馆的建设，添置高标准设施设备，推进智慧校园建设；规划、美化校园环境及文化氛围，改造南北门广场为花园广场，增加校园读书角，布置艺术化景点，营造有书香气息、岭南特色、师生眷恋的"立品校园"。另外，优化各类育人环境，进一步完善学校的安全设施设备，构建智慧安全保障和应急处理体系，创建平安校园。

校长不能仅仅停留在传统经验型的校长角色上，扮演执行者、管理者和领导者角色，还要成为学校战略发展的规划师，文化建设的缔造者，教育教学的引路人，师生发展的服务生。[①] 校长要在把握好教育发展的大形势下，做有思想的校长，做专业发展的校长。做有思想的校长，既要有自己独特的办学思想、教育理念，又要有让师生健康、快乐成长的胸怀和气度。

---

① 叶常青：《转型期发达地区中学校长角色定位问题研究——以珠三角地区为例》，硕士学位论文，兰州大学，2010。

二、做有思想、有情怀的校长

学校应该是有故事、有温度的地方，师生在这里健康、快乐地生活、成长，承载收获与梦想。校长是帮助师生健康、有为成长的人，而这个人也应该是有思想、有情怀的人。

学校文化是一所学校发展的灵魂，有故事、有温度的学校需要有高品位的学校文化。任勇在《好学校之境》中说道："学校文化是一棵生命树，是一所学校生生不息、薪火相传、走向成熟的最肥沃的土壤，是学校的灵魂。"①凝练及培育学校文化是校长的核心工作。

什么是学校文化？作为一种理论，其还处于不断发展及理论完善之中；而作为概念，不同的学者对其有不同的概括，其主要内涵是指全体师生围绕学校教育教学活动而形成的一种价值观和行为方式。

有思想、有情怀的校长，为了营造有故事、有温度的学校，将努力凝练和建设学校文化。所以，学校文化建设就是顺应办学的天时、地利、人和，遵从学生的成长规律、教师的发展需要、家长和社会的期待，让学校成为精神风貌和神韵气质俱佳的学习场所。

作为校长，我深刻意识到文化引领发展的重要性。如何凝练学校文化呢？我认为首先要学习、了解本地区和本学校的历史，挖掘其中的优秀文化传统；其次，要结合当前的教育形势，认真思考办学思路、办学理念，策划学校文化建设，提出设想，和全校师生共同讨论、学习，达成共识，然后精心设计，共同努力，在实践中不断总结、提炼、充实，把理念转化为现实。

侨联中学重视校园文化建设，努力打造"立品教育"特色品牌。2011年2月，我的《谈谈岭南校园文化的构建策略——以广州市番禺区市桥侨联中学为例》一文谈到侨联中学校园文化建设的方向，并发表于《现代阅读（教育版）》；2014年8月，《立品教育的初步建构与实践》发表于《师道·教研》；2014年11月，《"立品"教育立在"三品"课程》发表于

---

① 任勇：《好学校之境》，167 页，上海，华东师范大学出版社，2016。

《学校品牌》；2016 年 9 月，《谈初中立品教育特色课程开发与实施的研究》发表于《生活教育》；2018 年 11 月，《基于"立品教育"的思考与实践》发表于《教学管理与教育研究》，这些研究成果既是我对侨联中学开展校园文化建设的思考，又是侨联中学未来特色发展的指引。2014 年 9 月，侨联中学被评为广州市义务教育阶段特色学校。

为促进义务教育学校校长专业发展，建设高素质义务教育学校校长队伍，深入推进义务教育均衡发展、优质发展，培养社会主义建设者和接班人，2013 年，教育部颁布了《义务教育学校校长专业标准》。标准分五大基本理念、六项基本内容、四个实施要求。基本理念包含以德为先，校长要坚持社会主义办学方向，服务国家、服务人民，立德树人；育人为本，校长要坚持育人为本的办学宗旨，把促进每个学生健康成长作为学校一切工作的出发点和落脚点，为每个学生提供适合的教育；引领发展，校长要引领学校和教师发展，促进学生全面发展与个性发展；能力为重，校长要不断提高与完善规划学校发展、营造育人文化、领导课程教学、引领教师成长、优化内部管理和调适外部环境等方面的能力；终身学习，校长要树立终身学习的观念，使学校成为师生共同学习的家园。基本内容包含规划学校发展、营造育人文化、领导课程教学、引领教师成长、优化内部管理和调适外部环境六项专业职责。实施要求明确提到义务教育学校校长要将本标准作为自身专业发展的基本准则。制定自我专业发展规划，爱岗敬业，增强专业发展自觉性；大胆开展学校管理实践，不断创新；积极进行自我评价，主动参加校长培训和自主研修，不断提升专业发展水平，努力成为教育教学和学校管理专家。

《义务教育学校校长专业标准》的颁布，给了校长明确的方向和追求。校长是一所学校的灵魂，校长的办学思想决定了学校的办学境界、定位和未来。校长应该是以师生的健康成长和幸福发展为追求，以办好人民满意的教育为目标的。所以，新时代校长应该是一个有思想、有情怀的人。做一个有思想、有情怀的校长是我追逐的教育梦，是我攀登的理想山。

如何做一个有思想的校长？不妨看看王国柱校长所写的文章，值得我们学习借鉴。他强调"在文化建设中成就自我""在读书学习中润泽自我""在创新工作中提升自我""在尊重理解中获得信任"。王校长还认为"有眼界才有境界，有思路才有出路，有作为才有地位，有实力才有魅力。只有思想新，方法才新，一个校长成长速度有多快，能走到哪一层面，一个重要标志是看他思想的进步，能走到哪里。"[①]他的观点给我颇多启示。

是的，做有思想的校长要有境界、有想法、有思路；要以文化引领学校发展，成就自我；要多读书，自我丰厚思想源泉；要创新工作，提升自我；要人文关怀，获得信任；要慢教育，享受教育。

如何做一个有情怀的校长？我认为应具备以下几点。

第一，要有大爱情怀。校长的大爱，不仅是爱自己的学生，爱自己的老师，爱自己的学校，爱所做的教育；而且应胸怀祖国，心系民族，有大局意识，关注整个教育。同时，还要具有家国情怀，同国家的兴旺、民族的振兴同呼吸，共命运，心连心。

在学校，校长应多一点人文关怀，少一点刻板的说教；多一点幽默和民主，少一点严肃和专制；多一点聊天和虚心，少一点训斥和霸气；多一点沟通和商量，少一点架子和独裁；多一点情感相融，少一点高高在上；多一点"零距离"，少一点"远距离"。

第二，要敢于担当。一校之长，在困难面前，要敢于面对，勇于克服；在危难面前，要当机立断，敢于承担责任；在错误面前，要敢于承认，闻之则改；在学校发展上，要有远大目标和拼劲；在教育追求上，要有愿景和理想。校长的境界决定了学校发展的境界。陶行知说过："校长是一个学校的灵魂，要想评论一个学校，先要评论他的校长。"有什么样的校长，就有什么样的学校；有什么样境界的校长，就有什么样

---

① 王国柱：《生命教育思与行》，22～45 页，长春，吉林人民出版社，2018。

境界的学校。①

　　第三，要关注每一个学生的成长。一所好学校，不是因为它出了多少个名牌大学生，而是因为学校里的每一个学生都得以健康成长，能在不同的社会领域里成为好公民。同样一位好校长，不在于他所在学校有多少中高考状元，而在于学校的每一个学生都能得到关注，健康成长，每一个学生都能享受成功。

　　肖川说过：教育的力量能给无助的心灵带来希望，给稚嫩的双手带来力量，给蒙迷的双眼带来澄明，给弯曲的脊梁带来挺拔，给卑微的人们带来自信。② 这也正是我的教育追求，也是我努力攀登的高峰。

　　学无止境。我虽然做了多年校长，但我依然在路上，并永在这登山之路上，永在这攀登教育理念和教育思想的高峰路上。

　　十多年的校长生涯，二十多年的教书经历，四十多年的人生之路，让我对人生、对教育有着很多认识与感悟。正如前面书中所述，我从小在山区成长，父母、亲人、教师给了我最纯真的人生价值观：坚强、善良、正直、勤劳，以及如何待人处事，自立自强。之后，随父母来到番山之麓，珠水之滨，在这里求学、工作，一路收获，一路成长。在忙忙碌碌的青春岁月里，学习、感悟教师、同学、同事、朋友的为人处世、教书育人、管理治校，他们的善良、友爱、自信、担当深深印记在我的脑海里。他山之石是无形的榜样，是远行的航标，给予我前行的动力。不断的实践让我成长、发展，专业引领，升华所思，一步一步走上管理的岗位。在教书育人的二十多年里，我一直在登山之路上，与学生快乐为伴，与同事共成长，在学习，在历练，虽艰辛，但快乐着。我遇到过不少困难，经受过不少考验，在同事、朋友、领导的关怀和帮助下，我勇往直前，一步一个脚印努力前行。我成长着，实践着，这让我在教育之路上有更多思考，对教育教学也有了更多感悟。

---

　　①　王铁军：《校长领导力修炼》，5页，上海，华东师范大学出版社，2010。
　　②　肖川：《教育的力量》，211页，长沙，湖南教育出版社，2008。

在大千世界行走，在云雾环绕中攀登，那就是山，我历经千辛万苦，终于到达一处山峰。思考、实践，再思考、再实践，慢慢地将我的教育情怀和思考付诸行动，于是有了自己的一点教育主张，有了一点粗浅的教育思想和理念。在宏观上，我努力做适合学生的教育，努力办一所让师生终生眷恋的学校，办好人民满意的教育。在微观上，我以先进的文化引领学校发展，以前沿的办学理念引领教育教学，以科学的管理机制治理学校，以适合学生发展的特色课程立德树人，以生动高效的课堂成就学生，以专业成长的教师队伍教书育人，以眷恋的学校环境让师生幸福成长。

社会在变，教育在变。改革开放 40 多年，中华大地发生了翻天覆地的变化。经济全球一体化，科技日新月异，时代在不断变革，教育也在不断变革，这些都在考验着教育者，考验着校长。

兴奋之余，回眸放眼，只缘身在此山中。

山外常青，山的那一边还有许多层层叠叠、高高低低的山，是那么美丽，那么雄伟，这些山等着我去攀登，去探索，去追逐，而后又让我去认识更多的世界，去理解不同的教育，去领略精彩的人生。

做一位有情怀的教育者，当一名有思想的新时代校长，这就是我要不断追逐的教育梦，不断攀登的理想山。

"修行"，我永远在路上，去追求教育的真谛，去体验生命的全部。登山，山外有山，高峰不再高，我去攀登，去努力……

1. 王坤庆. 现代教育哲学［M］. 武汉：华中师范大学出版社，1996。

2. 约翰·杜威. 民主主义与教育［M］. 王承绪，译. 北京：人民教育出版社，2001。

3. 黄济，王策三. 现代教育论［M］. 北京：人民教育出版社，1996。

4. 石中英. 教育哲学［M］. 北京：北京师范大学出版社，2007。

5. 钟祖荣，伍芳辉. 多元智能理论解读［M］. 北京：开明出版社，2003。

6. 方振邦，鲍春雷. 管理学原理［M］. 北京：中国人民大学出版社，2014。

7. 约翰·怀特. 再论教育目的［M］. 李水宏，等译，北京：教育科学出版社，1992。

8. Frederick W. Taylor. The Principles of Scientific Management［M］. New York：Harper Bros.，1911.

后 记

HOUJI

　　从酝酿到成书历经半年多时间，书稿终于完成了。此刻，我的内心不免有些激动和忐忑。激动，在于自己的处女作即将付梓；忐忑，是担心拙作是否符合"广州好校长系列丛书"的标准。每个人都有故事，都嵌在美好的往昔。此书有本人读书成长的故事，有教书育人的经历，有这些年来自己对学校管理、文化建设及教育愿景的思考和认识。希望能给自己、给教育同行者一些有益的思考和启发。

　　其实几年前我就想写点什么，也有了一些关于书的框架设想。因为我一直深爱着教育，深爱着学生，渴望以学生健康成长为追求，以家长和社会满意为目标，办一所令师生向往的好学校。所以，我想将自己的所见所想、所学所思，以及对教育的追求和实践记录下来，与同行共勉。但苦于腹中墨水难书心中意，写书一事就一直搁置着。几个月前，得知广州市教育局"好校长"系列丛书还在最后的征集中，于是匆忙之中，我将书的框架内容整理出来上送给编委会，有幸被选中了。于是，在学校工作之余，学习进修之隙，业余假日之暇，在清爽的早晨、朦胧的中午、幽静的夜晚，我努力回忆一幕幕温暖场景和一个个动人故事，整理、编写着一个个案例，收集、校对着一篇篇文稿，最终，书稿得以顺利完成。

　　本书的成书是充满感恩与感激的过程，没有他们，就没有本书的产生，更不会有我思想的演进与行动的可能：感谢华南师范大学谢光灵教授，《中小学德育》杂志社的徐向阳副主编，他们对拙作提出了宝贵的建议和思路，徐主编还多次就本书主题的提炼和章节的建构对我进行了用心的指导，并不辞劳苦为我的书作序；感谢原广州市番禺区教科所的姜涛老师及我的同事余颖娴、黄烁、何锦颖、朱瑞群、简瑞萍、黎雅雯、谭婉青、张欣等老师，是他们给了我动力与信心，给了我支持与帮助！同时，我水平有限，书中难免有纰漏和不成熟之处，恳请读者包容并给予批评指正。

子曰："仁者乐山。"仁者，爱也，善也。山不言自高，它以稳重、仁厚、无私、无畏、坚毅，哺育我、感化我。我愿做一个"仁者"，做一个心地善良、心胸开阔、心态平和的人；我更愿践行仁爱，以山一般的高度与情怀，做一名不知疲惫的教育攀登者。

德国哲学家雅斯贝尔斯曾说过："教育的本质意味着：一棵树摇动另一棵树，一朵云推动另一朵云，一个灵魂唤醒另一个灵魂。"

与各位同行共勉之。

叶常青

2019 年 4 月 23 日凌晨初稿

2020 年 5 月 23 日修订

2021 年 11 月 16 日再修订